CELIO Silva

O VENDEDOR INESQUECÍVEL

CELIO Silva

O VENDEDOR INESQUECÍVEL

Não existe em qualquer esquina

1ª Edição
Espírito Santo
2019

Capa, projeto gráfico e diagramação: ArteSam
(designer Claudio Rocha)

Dados Internacionais de Catalogação na Publicação (CIP)
Ficha catalográfica elaborada por
Débora Soares Vicente de Santana – Bibliotecária CRB-9/1914

S579v
Silva, Célio.
 O vendedor inesquecível: não existe em qualquer esquina / Célio
Silva; -- Guarapari, ES: [s.n], 2019.
 102 p. ; 21,59 cm.

 ISBN 978-85-5697-823-3

1. Vendas. 2. Estratégia. 3. Satisfação do cliente. I. Título.

CDD: 658.85

Índice para catálogo sistemático:

1. Vendas 658.85

SUMÁRIO

A ARTE DE SER INESQUECÍVEL

Dizem que a melhor maneira de mostrar o que temos a dizer é contando uma bela história. Durante uma semana, meditei sobre o assunto de como uma pessoa pode se tornar inesquecível... E como eu quero que este livro seja prático para o seu dia a dia, a partir de agora vou partilhar com você esta pequena história, que faz muito sentido em nossas vidas:

Um rapaz estava muito triste por não conseguir encantar sua pretendente. Depois de muita luta, resolveu buscar ajuda para aliviar o seu sofrimento. Foi então para um mosteiro, a de ter equilíbrio. E, chegando, foi muito bem recebido por um monge de 78 anos.

Aprendeu a meditar e a silenciara sua dor. Estava mais leve, porém ainda não havia esquecido o seu grande amor. O monge percebeu que, apesar do rapaz estar mais sereno, ainda mostrava constrangimento no seu olhar. Eis que o monge convidou o rapaz para uma pequena volta sem nenhum compromisso.

Quando estavam respirando o ar puro das montanhas, o monge perguntou:

– O que lhe tira a paz, meu jovem?

– Como assim? – retrucou o rapaz.

– Meu filho, eu vejo nos seus olhos várias indagações de ansiedade – disse o monge, pacificamente.

O rapaz não sabia por quê, mas aquelas palavras foram como uma chave que descobria naquele momento os segredos da fechadura e que abriu a porta de seu peito e escancarou toda a sua dor, os seus receios e as suas angústias.

Depois que parou de caminhar, colocando as mãos na cabeça, disse sofrido:

– É que amo uma mulher, mas ela não liga pra mim. Eu já mandei vários buquês de flores para ela, e nunca se lembrou nem de agradecer.

– Entendo a sua dor – disse, compassivo, o monge.

– O senhor entende minha dor? Como uma pessoa que vive só irá entender minha dor? – perguntou, perplexo, o rapaz.

– Para entender de pessoas não precisamos necessariamente viver ao lado delas. Basta, onde quer que estivermos, parar durante alguns minutos para observá-las, que saberemos muito mais sobre elas do que se ouvirmos o que elas têm a dizer sobre si mesmas – acentuou, em tom mais sério, o monge.

– Mas eu não tenho tempo de ficar vigiando a vida dos outros! – disse o rapaz, indignado.

O monge não demonstrava nenhuma impaciência e, ainda mais compassivo, lhe contou:

– Durante algum tempo eu colhia flores e trazia para enfeitar meu aposento. E eu sempre questionava por quê as flores eram tão frágeis, apesar de serem belas e perfumadas, pois elas logo murchavam – o monge fez uma pequena pausa, e o rapaz questionou:

– Tá! E o que o senhor quer me dizer com isso?

Continuou o monge:

– Por mais que as flores sejam belas, quando são arrancadas de sua vida para atender aos nossos caprichos, nós as matamos e as queremos como se fossem eternas. E como você pode perceber, não precisamos possuir as flores para sermos felizes. As flores são sempre mais belas e perfumadas quando permanecem em seu habitat para que possam receber a água e o sol que lhe garantam a vida.

O rapaz, que ouviu pela primeira vez o monge sem interrompê-lo, agora estava com os olhos marejados. E concluiu o monge:

– Se você deseja ser inesquecível para alguém, jamais lhe dê cadáveres de flores. O amor não pode ser representado por algo sem vida. Queres enviar flores? Envia em vasos onde possam ser tratadas como algo especial, como é o seu sentimento. Já se foi o tempo em que um buquê pudesse representar algo que não retratasse apenas o que é efêmero.

– Mas isso iria convencer uma mulher de amar um homem? – perguntou o rapaz.

– Não, isso não iria convencer, porém iria dizer que o que você sente é duradouro – afirmou o monge.

Essa história é um belo exemplo para termos consciência do que desejamos e de que tipo de mensagem estamos transmitindo aos que se aproximam de nós. Mostramos para os outros os nossos interesses ou intenções não só com nossa fala, ou com nossa expressão corporal, mas também com o que decidimos presentear.

Você deseja ser extraordinariamente inesquecível? Toda vez que for presentear alguém, lembre-se de dar uma flor viva e cheia de mensagem de uma relação. Assim você mostra que o que você deseja, seja no amor ou nas parcerias comerciais, é algo duradouro e fidedigno.

Quanto tempo dura um buquê de flores? Quanto tempo dura uma flor viva num vaso?

Parece que chegamos a uma conclusão, não é? Pois é essa conclusão que eu quero te passar a partir de agora. **Não** venda algo que você seja esquecido facilmente! Vender um produto ou serviço, muitos até vendem, mas poucos, repito, POUCOS fazem uma venda em que o cliente não os esquece!

Se pergunte sempre: qual é a lembrança que o cliente terá de sua empresa, de você vendedor, de você gerente, de você gestor, de você empresário?

Tomara que seja a melhor possível! Tomara que seja uma raiz num vaso... e que cresça... e que floresça! E que seja inesquecível!

OS DEZ MANDAMENTOS DO
VENDEDOR INESQUECÍVEL

1. Amarás sobretudo o seu dom de vender e promover satisfação ao seu cliente.

2. Ajudarás sempre seu cliente a encontrar soluções.

3. Venderás sempre algo que tenha relevância e importância para seu cliente.

4. Farás tão somente ao teu cliente o que gostaria que o cliente fizesse contigo.

5. Serás verdadeiro em qualquer circunstância com relação a produtos e serviços.

6. Inovarás continuamente para melhor atender seu cliente.

7. Prestarás utilidade ao seu cliente, mesmo que seja apenas uma informação.

8. Realizarás o sonho do seu cliente, vendendo o que ele realmente precisa.

9. Darás ao teu cliente o melhor atendimento, para ele se sentir acolhido.

10. Promoverás engajamento do seu cliente, dando-lhe a certeza de que ele está no lugar certo e com o vendedor exato.

O QUE VOCÊ VENDE?

A arte de viver e conviver não acontece sem as vendas. Todos nós, de alguma forma, vendemos e compramos alguma coisa na nossa jornada. Até mesmo uma pessoa que vive na rua, ela vende uma imagem, a de "desapego".

A todo momento, uma pessoa está vendendo um conhecimento, uma filosofia, um comportamento etc. A questão é: quem precisa dos seus conhecimentos, produtos ou serviços? Por isso é necessário saber o que você está vendendo e para quem, ou seja, vender, de certa forma, é como pescar. Não adianta saber pescar, é preciso saber aonde está o cardume de peixes. E no mundo comercial, existem dois tipos de vendedores e, consequentemente, dois tipos de compradores:

Há os vendedores de produtos e os vendedores de soluções. Como há compradores compulsivos e compradores conscientes.

Vender um produto para um comprador compulsivo, por incrível que pareça, pode ser um tiro no pé. Por ter necessidades ilusórias, o cliente compulsivo adquire coisas para compensar aborrecimentos ou insatisfações.

Logo isso será um problema, porque a própria família não vê isso com bons olhos e enxerga essa atitude do vendedor como de "aproveitador". Claro que isso acaba não gerando um marketing bom para imagem da empresa. Um Vendedor Inesquecível é essencial por isso. Por ter uma visão global da situação. Ou seja, visualizar não somente o produto que deseja vender, mas o que o produto é capaz de agregar à vida do seu cliente. Enquanto um mero vendedor de produtos trabalha com quantidade, sem se preocupar muita vez com a qualidade dos produtos.

Qual será o resultado final?

Todo mundo sabe que, se compra uma vez e perde a credibilidade, o cliente não volta mais e ainda faz um marketing negativo da sua empresa ou da sua prestação de serviço. Hoje, a cada dia que passa há sempre uma nova concorrência querendo ganhar a fatia de mercado. Isso quer dizer que há várias opções de compra e que o cliente não está preso a uma única fonte para adquirir os produtos ou mão de obra. Por essa razão, é importante ter essa consciência de mercado. O povo não aceita mais qualquer serviço em que se sinta lesado por indiferença ou incompetência de uma empresa. Todos nós sabemos que a sociedade moderna vive um dilema com as empresas telefônicas e que um cliente tem o direito de fazer, por exemplo, uma portabilidade, caso não esteja satisfeito com a prestação de serviço de uma operadora. O mesmo sucede com qualquer nicho ou mercado. É preciso estar atento às necessidades reais do cliente. Sua empresa, ou até mesmo você, precisa mostrar as soluções com seus produtos ou com sua prestação de serviço, ou correrá o risco de ficar fora do mercado.

Se posicionar a favor do cliente é fidelizar compras contínuas. E, em matéria de vendas, quanto mais atendemos e solucionamos os problemas dos clientes, maiores serão as probabilidades demais vendas, o que gera multiplicação de lucros e todo mundo ganha. Assim, o vendedor bate suas metas pessoais, a empresa bate suas metas de crescimento e os clientes ganham satisfação.

Os detalhes que fazem a diferença estão no atendimento. No simples fato de oferecer um café ao cliente que te procura, se pode perceber o atendimento extraordinário. Eu vou lhe contar um fato incrível que um atendente me confidenciou, que aprendeu com seu patrão. Contou ele esse belíssimo fato:

Um executivo entrou na cafeteria e logo foi atendido por um jovem, que lhe perguntou:

– Em que posso lhe servir?

– Quero o melhor café da cidade! Você é capaz de me proporcionar isso, meu jovem? – perguntou o executivo.

O jovem ficou embaraçado, sem ter o que falar, pois em sua cabeça martelava: "Mas todos os cafés têm o mesmo gosto!".

O proprietário, que assistia ao lado, se aproximou e disse ao jovem:

– Deixe comigo!

Em poucos minutos, uma xícara de café era trazida até a mesa do executivo, que lia um jornal sem se perturbar.

Ao saborear, afirmou: Que café delicioso!

Em 30 minutos, o executivo solicitou três cafés e, ao sair, disse ao jovem:

– Você não só me proporcionou um café delicioso, como todo seu ambiente é fantástico! – tirou trinta reais e deu de gorjeta ao jovem.

O jovem ficou envergonhado e foi ao proprietário, pois não se sentia no direito de ficar com a gorjeta.

– Ela é sua! – disse o patrão.

– Mas, se não fosse o senhor, eu acho que teria me enrolado...

– Meu jovem, ninguém é obrigado a saber de detalhes que fazem a diferença, mas se quer se destacar nesse mundo, dê sempre o seu melhor! – disse, compassivo, o proprietário.

Nos dias seguintes, não era somente o executivo que voltara, mas com ele outros que vieram conhecer "o melhor café do mundo".

E você, seria capaz de fazer um simples café se tornar algo extraordinário?

Nas coisas simples, o Vendedor Inesquecível pode fazer o trivial virar algo inusitadamente prazeroso e inigualável.

Mas, no mundo das vendas, não aprendemos somente com o que se faz de certo. Outro dia eu estava à procura de um medicamento que o médico me recomendou. E fui à farmácia, porém não estava achando o que fui orientado. Como estava olhando muito, um atendente puxou conversa:

– Está precisando de alguma coisa?

– Sim, quero comprar o remédio tal – respondi.

– Ah! Mas esse não tem.

– É, eu percebi! – disse isso e me silenciei.

– Mas têm tantos, leve esse que é mais barato – insistiu o atendente.

– Não, obrigado, vou procurá-lo em outra farmácia.

– Cara, esses remédios são tudo a mesma coisa, só que, como você sabe, os laboratórios de marca vendem mais caro, mas eu tenho esse que faz tudo o que o outro faz, e ainda por cima você economiza – comentou mais uma vez o rapaz.

Eu saí daquela farmácia com uma péssima impressão do atendimento e, claro, fui comprar o medicamento em outra farmácia, de onde saí satisfeito. Porque na outra farmácia o atendente foi fiel à minha procura e, por ter sido atencioso, tive tempo de levar outras coisas que precisava. Um vendedor inesquecível não tenta convencer o cliente de comprar seu produto falando mal do produto concorrente. Ao contrário, ele aprimora sua argumentação e faz sugestões com o objetivo de satisfazer o cliente nas suas reais necessidades.

Quero aproveitar essa história que aconteceu comigo na farmácia para destacar alguns erros comuns que fazem você perder uma venda.

Primeiro erro: Ninguém entra num mercado ou qualquer ponto comercial sem que esteja procurando ou precisando de alguma coisa. Então, tome cuidado com as perguntas redundantes. Isso só afugenta os clientes.

Segundo erro: Quando disse que procurava um produto específico, por ter uma orientação de um profissional de minha confiança, o atendente ignorou essa informação e tentou me empurrar um produto que ele tinha.

Terceiro erro: Quando me disse "ah, esse não tem", a impressão que me deu foi que eu estava errado de procurar algo ali que não tivesse. Claro que me senti constrangido, e isso tudo pesou para que eu tomasse uma decisão, sob pressão, de comprar o que ele tinha e não o que eu procurava. E, como sei lidar com isso, decidi não levar nada, sabe por quê? Porque ele, a todo instante, me passou a impressão de que não era importante o que eu procurava, mas sim o que ele tinha disponível. Isso gera mal-estar e, muita vez, numa pessoa compulsiva por compras, isso pode até gerar números quantitativos, mas não soluções de qualidade.

Quarto erro: Aquele vendedor tentou me subestimar e desvalorizar a minha saúde quando disse "esses remédios são tudo a mesma coisa, só que, como você sabe, os laboratórios de marca vendem mais caro". Em momento algum eu falei de preço ou reclamei que estava caro. Nem sequer pedi uma opção mais barata. Hoje, a informação está em toda parte e a todo vapor! Podemos saber de muitas coisas com apenas um clique. E muitos clientes podem pensar que estão querendo fazer ele de bobo com uma argumentação dessas. Repito: um vendedor inesquecível precisa satisfazer o cliente. E mais: precisa valorizar o cliente! O cliente precisa se sentir importante.

> *Vendedor, compreenda que na primeira compra ele pode levar somente o que veio buscar, mas se ele tem boa lembrança de seu atendimento, você se torna uma referência para o cliente para solucionar também outras necessidades. Quando você entrega valores ao seu cliente, ele tem seu nome e seu endereço vivo na cabeça dele.*

O VALOR DA SOLUÇÃO E
O PREÇO DO PROBLEMA

Há coisas que sabemos, mas não apreciamos seus valores. E se você for um pouco observador, irá perceber que existem dois tipos de pessoas que provavelmente convivem com você: aquele que procura por preço e aquele que busca por valores.

O que procura por preço nem sempre encontra o que deseja. O que busca por valores sempre encontra mais do que imaginava.

Quem busca o preço vai se limitando ou condicionando o que sonha e, geralmente, é do tipo que deixa pra depois o que deveria ser feito já de primeira. Fazer mais ou menos é seu maior pecado contra si mesmo. Já o que busca por valores planeja e cria estratégias que viabilizam a realização de seu sonho e, como regra, naturalmente atinge o que muitos apenas desejam, porém não concretizam.

Se há algo que posso lhe dizer sem nenhum receio é:

Busque sempre os valores que as pessoas ou os produtos irão acrescentar em sua vida. Preço você encontra em qualquer parte do mundo, mas valores são para as pessoas certas e ambientes exatos.

Lembre-se: amizades verdadeiras estimulam grandes negócios e daí surgem as melhores parcerias e que promovem os melhores ***paybacks*** dos seus projetos pessoal e corporativo.

Seja livre do preconceito de que o mais barato lhe traz alguma vantagem. Antes de tudo, busque algo que lhe traga valor. O preço é o que as pessoas gastam por deixar as coisas saírem do controle. O valor é o investimento que as pessoas fazem para se manterem atualizadas.

Há coisas que não têm preço, todavia, há valores incomensuráveis... Uma delas é a amizade verdadeira, cuja síntese é a gratidão que nutrimos pela pessoa por toda vida. Quando o cliente tiver gratidão por você, vendedor, é porque está no caminho mais do que certo.

VENDER É
ENTREGAR VALORES

Quando se fala em venda, muitos se apressam em deduzir apenas um produto, porém há vendas que vão além dessa visão do século XX. Um bom produto não é aquele que se vende sozinho... Mas aquele que, além de ser bom, entrega um valor absolutamente real e satisfatório.

A negociação entre o vendedor e o cliente é o carro-chefe de sua empresa. E muitos empresários esquecem-se desse valor e entregam a sua marca nas mãos de vendedores despreparados.

O vendedor sem valor é aquele que sabe algumas coisas sobre o produto e repete como um papagaio algo que ouviu ou leu, porém não sabe encontrar o meio-termo entre ser gentil ou se tornar um bajulador inconsequente.

Entrei no ano passado numa loja para comprar umas camisas que eu gosto muito. O ambiente é muito conceituado, aliás, esse era um dos motivos que sempre pesava na hora de escolher aonde comprar. O que quero dizer é que, além de ter um bom produto, o atendimento era show. Mas neste dia algo aconteceu que o conceito caiu muito quando presenciei uma cena de uma atendente com uma senhora. Eu estava já terminando minhas compras, muito contente, mas pude perceber o desconforto de uma senhora que queria comprar um vestido. E apontando, disse:

– Eu quero olhar este vestido.

– Temos estes outros que combinam com a senhora – respondeu a atendente, sorridente.

– Mas eu quero ver este – insistiu a senhora.

– Perfeitamente – respondeu a atendente.

Mas não só eu como também a senhora percebeu um sorriso irônico e, quando passou perto de onde estava, eu a ouvi comentando com a outra atendente:

– "Miga", você acredita que aquela velha quer comprar este vestido?

– Sério? Será que ela não tem espelho em casa? Meu Deus! – comentou a outra.

E como a cena me marcou, resolvi tomar um café a fim de ver como iria acabar aquela venda.

A primeira coisa que percebi de errado foi que a demora não era pra encontrar o vestido, e sim para comentar com as outras pessoas sobre o que a senhora queria levar.

Vendedor! Se há alguma coisa que deixa o cliente chateado é a espera exagerada. *Pois na cabeça do cliente passam milhões de "não vou levar", quando isto acontece.*

Segundo erro cometido pela atendente: fazer um julgamento ou ter preconceito com a senhora. E aqui vale uma reflexão. As aparências realmente enganam. O julgamento pode lhe custar caro.

Quando a atendente voltou, a senhora havia acabado de falar ao telefone, e disse para a atendente:

– Obrigada, não vou mais levar.

Eu pude perceber que a senhora saiu visivelmente chateada por ter sido julgada.

Enquanto a atendente estava ausente rindo da senhora, ela falava com alguém no telefone e contou o ocorrido.

E eu escutei ela dizer que queria apenas comprar um vestido de formatura para a sua neta, mas estava sendo tão mal atendida, que iria procurar outra loja.

Ela saiu e entrou em outra loja, e eu fui atrás porque tinha certeza que aquela atendente havia perdido uma grande venda. Eu já não queria comprar nada mais, mas olhava as atendentes com seus comportamentos, e o que aconteceu? Aquela senhora não só comprou pra sua neta o vestido, como também levou outras peças, e acredito que comprou até pra ela mesma. Como queria ver até o final, eu comprei uma roupa feminina pra dar de presente à minha esposa só pra ver quanto ela iria pagar.

E aquela senhora fez uma compra de dois mil, oitocentos e oitenta reais em roupas naquela loja, simplesmente porque uma vendedora da outra loja não soube ser gentil e julgou o que não devia. Você, vendedor, há de convir comigo que julgar não é correto em situação alguma, mas numa venda é uma insanidade!

E o que ficou de aprendizado? Apesar de a loja ser bem-conceituada, houve um preconceito de uma atendente, que certamente não sabe os dez mandamentos do Vendedor Inesquecível!

E acredite, uma loja arrecadou em 12 minutos 2.880 reais de uma senhora e mais 123 reais, que eu comprei um presentinho pra minha esposa, num total de 3.003 reais em compras que nem eram pra ser efetuadas ali em princípio. Isso serve de alerta de que sua empresa pode perder não pra outros concorrentes, mas perder vendas por falta de gentileza e excesso de preconceito. Enquanto uma perdeu, a outra ganhou. Mas porque uma soube fazer o atendimento sem preconceito e com bastante profissionalismo e gentilezas. Na outra loja, a senhora ficou por mais de trinta minutos e não levou nada, e na loja do outro lado do shopping, ela ficou dez minutos e um pouquinho pra efetuar uma compra razoavelmente maravilhosa.

"Mas Célio, isso faz parte da concorrência e é normal", você pode pensar, mas eu lhe digo, isso não é normal e nunca foi, pode ser normal para vendedor incompetente!

Para nós, os Vendedores Inesquecíveis, normal é ser extraordinário na excelência de atendimento.

O ATENDIMENTO
MULTIPLICA SUAS VENDAS

Entrei na loja, que não estava cheia, e olhei para os produtos que me interessavam. Procurei manter um contato visual com algum atendente e percebi que alguns estavam comendo, ou melhor, engolindo a comida para ver quem iria me atender.

Inesperadamente, como um ninja, alguém falou:

– Está precisando de uma ajudinha aí?

Eu fiquei tão chocado que não tive ação pra responder. Como o atendente ficou parado na minha frente com aquela cara de paisagem, eu me senti obrigado a dar uma resposta que todo cliente dá quando não sente segurança no atendimento.

– Não, obrigado, estou apenas dando uma olhadinha.

– Bom, se precisar é só me chamar.

O atendente disse isso já se direcionando para outra pessoa que entrava na loja, e deu pra perceber que ele fez a mesma abordagem. E, provavelmente, obteve a mesma resposta, pois saiu e ficou num canto olhando seu celular. Esse tipo de vendedor trabalha muito, porém vende pouco.

Eu estava disposto a comprar, porém algumas manias de vendedores mais atrapalham as suas vendas do que se possa imaginam. As pessoas com o tempo vão aprendendo a ouvir e a selecionar o que lhes soa bem. Por maior que seja a boa vontade do vendedor, quando ele solta essa pergunta: "Está precisando de uma ajudinha aí?", o cliente é inclinado a responder: "Não, obrigado, estou apenas dando uma olhadinha".

Quero lhe dar algumas dicas para você se tornar um Vendedor Inesquecível. Antes, vou usar uma metáfora simples e aplicável em seu dia a dia.

Imagine que você esteja solteiro dentro de uma balada, onde há inúmeras mulheres. E todas estão se divertindo, porém não será com todas que você irá fazer um contato visual. A regra é clara: quando uma mulher percebe que você está fazendo contato visual com ela e ao mesmo tempo com outra, acredite, você perderá as duas. Você, que é homem, sabe do que estou falando. Quando isso ocorre, mesmo onde há muitas mulheres, você sai sem conhecer sequer uma. E quando algum amigo vira pra você e diz que conheceu várias garotas e que está conhecendo melhor "uma em especial", você fica se perguntando e até fazendo comparações do tipo: "Puxa, até ele conseguiu, e porque eu não?". Isso significa que você não fez a abordagem correta.

O erro é explícito: de olho em várias, perdeu todas.

Agora me deixe voltar para as vendas, que é nossa meta!

O que uma balada tem a ver com uma loja?

É que, em ambos os lugares, 80% das pessoas estão procurando algo.

Assim como numa balada existem aqueles que ali estão pra esquecer o "ex", querendo apenas se divertir, numa loja há os clientes que entraram apenas para ter noção se vale apena adquirir tal produto ou sua prestação de serviço.

Inconscientemente, as pessoas que vão para uma balada ou atrás de um produto na loja sabem que lá elas têm oportunidades de realizar seus desejos e até "quiçá" seus sonhos de consumo.

É preciso estar atento para se tornar uma pessoa que transmita segurança e que, a todo o momento, a pessoa encontre em você um potencial realizador e que a faça sentir que está no lugar certo com a pessoa exata. E para isso ocorrer de forma natural, precisamos de estratégias.

ESTRATÉGIAS DE CONEXÃO

COM O CLIENTE

O processo da venda se dá em três estágios de conexão entre o cliente e o vendedor.

A PRIMEIRA ESTRATÉGIA É O *FLERTE* DO VENDEDOR INESQUECÍVEL

Quando estamos na posição de recepção, pode observar, seja em qualquer ambiente, a primeira impressão que nos fica é o olhar da pessoa que se dirige a nós naquele instante. Isso é essencial para o bom andamento do atendimento.

Enquanto para alguns vendedores o contato visual é apenas para identificar um provável comprador, para o Vendedor Inesquecível é a certeza de que irá contribuir para que o desejo seja atendido. Lembrando que o cliente satisfeito multiplica para outros, trazendo novos clientes para a sua empresa. E deixam bem claro de como é bom comprar ou fazer negócios com sua empresa. Note que o diferencial aqui é o atendimento.

O "fazedor de pedidos" pensa e se "preocupa" apenas consigo mesmo, e o próprio ego lhe trai, esquecendo de que vender, sem atender o que o outro deseja, isso é perder cliente!

O Vendedor Inesquecível se "ocupa" primeiro em contribuir com a satisfação do cliente em potencial, pois tem consciência de que produtos ou serviços podem se encontrar em qualquer estabelecimento credenciado para vender ou prestar serviços.

Após a anuência visual do cliente, entra em vigor a segunda estratégia.

A SEGUNDA ESTRATÉGIA
É A **ABORDAGEM**

Lembra-se do Vendedor que me atendeu?

Vamos identificar seus equívocos e fazer os acertos de como abordar um cliente para que ele se sinta valorizado.

Você já deve ter percebido que uma das coisas que se tornam alvo de reclamações do SAC (Sistema de Atendimento ao Cliente) é a maneira de como a pessoa se sente menosprezada pelo atendimento.

Este é um dos maiores inimigos da sua empresa. Se não estiver atento, se perde clientes com muita facilidade pelos seus erros de atendimento, e é óbvio que os clientes irão procurar os concorrentes. Mas é necessário compreender que não se perde para a concorrência, e sim porque você deixou a desejar.

Como consumidor, não basta boa vontade se as primeiras palavras do vendedor não me transmitem simpatia. E se por alguma razão algo foi dito que não me faça sentir bem, provavelmente irei me esquivar desse vendedor. Talvez eu até esteja na frente do produto que entrei para comprar, porém o próprio vendedor faz algumas perguntas que são inimigas das vendas. E se você não estiver atento, sua empresa irá inevitavelmente perder espaço no mercado por não ter um plano de atendimento Top.

ABORDAGENS INIMIGAS DAS VENDAS

Separei algumas abordagens que matam suas vendas e que você jamais deve fazer isso novamente se deseja se tornar um Vendedor Inesquecível.

1) "Em que posso lhe ajudar?"

Por incrível que pareça, a pergunta parece ser boa, mas não é... Pelo simples fato de fazer com que a pessoa se sinta incapaz de comprar alguma coisa sem a ajuda do vendedor. A prova disso é que alguns clientes preferem comprar diretamente no site da empresa. E quando isso ocorre, é de bom grado deixar bem claro que a empresa ganha, mas você, quando não sabe abordar, deixa de ganhar um fã do seu atendimento. Na atual fase que a sociedade vive já não se vendem apenas coisas, mas se compram produtos que façam a vida do cliente ter qualidade e conforto. O produto pode fazer tudo isso, mas se o seu atendimento for sem eficácia, corre-se o risco de o cliente atravessar a rua e comprar de outro.

2) "Está precisando de alguma coisa?"

Ninguém entra num comércio sem precisar de alguma coisa. Deve-se evitar abordar o cliente com esta pergunta, porque incentiva o consumidor a dizer "Nada, tô só olhando para passar o tempo". Este é o tipo de pergunta que mata sua venda, porque a resposta é fechada.

Outra pergunta que mostra seu despreparo é:

3) "Já foi atendido?"

Esta pergunta também apresenta uma grande falha de atendimento, pois significa que você, vendedor, está dando um tiro no escuro. Se o atendente precisa saber do consumidor se ele já foi atendido, é porque não houve o acompanhamento devido. E como Você é vendedor Inesquecível, já sabe que se vende até mesmo no primeiro contato visual.

ABORDAGEM QUE MEXE COM A
MEMÓRIA SENTIMENTAL DO CLIENTE

Após fazer o contato visual com um leve sorriso, o Vendedor Inesquecível se aproxima e faz a saudação. Exemplo: Bom dia, Boa tarde ou Boa noite. É claro que você tem que sentir o cliente, mas comece a fazer essa abordagem e verifique seu poder:

"Que há de especial para hoje?"

Essa abordagem parece ser ingênua, porém quando você pergunta ao seu cliente "o que há de especial pra hoje?", em questão de segundos você faz com que ele pense no valor daquela compra. E se há uma coisa que movimenta as vendas é a emoção por trás de um presente ou até mesmo para a realização do próprio cliente.

Quando você, vendedor, usa as palavras certas com sua abordagem, é como se você tivesse a chave que descobrisse o segredo da porta do cliente, e ele é inclinado até a se abrir para você narrando o porquê daquela compra. E tem coisa mais extraordinária do que essa? Você saber o quanto está sendo importante para a vida do cliente. Ser extraordinário lhe garante resultados excepcionais!

Podemos inovar com as abordagens, e isso também pode ser feito com placas que chamam atenção.

ABORDAGENS QUE GERAM
VENDAS CONTÍNUAS

Todo mundo sabe que quando um vendedor se aproxima de um cliente em potencial para oferecer um produto, somos inclinados a dizer "não, obrigado", por um mecanismo de defesa, pois inconscientemente temos a impressão de que a pessoa quer nos tirar algo. E este é, sem sombra de dúvida, um dos maiores empecilhos no mundo das vendas.

Mas há como vender algo sem falar em vendas?

Há, sim! E vou lhe contar um fato que vi acontecer no sinal de trânsito. Eu estava indo para o aeroporto de Vitória/ES e parei no sinal de trânsito que antecede a Terceira Ponte. Um rapaz que estava vendendo balasse aproximou e me pediu para comprar para ajudá-lo. Havia outro rapaz que vendia água. E ele se vestia como um garçom. Mas não fora exatamente isso que me chamou atenção, assim como a de muitos outros motoristas, e sim a estratégia de venda sem vender do rapaz: ele simplesmente trazia as garrafas de água num balde com gelo, como se faz em muitos restaurantes de luxo, oferecendo como se atendêsse em mesas.

Isso acontece hoje em dia em quase todo o país, e a ideia talvez nem seja desse rapaz, mas ele melhorou o que já havia dado certo com outros vendedores de trânsito. Ele teve uma bela sacada, pois agregou valor ao seu produto pelo simples fato de usar uma placa que estava escrito: **"Seja amigo dos seus rins, Beba água!"**.

Aquilo era impressionante! À medida que ele ia passando, quase todos os motoristas abriam a janela e compravam água mineral. Eu notei que muitas eram as pessoas que aparentavam já comprar do rapaz há mais tempo. E eu, todas as vezes que passei naquele ponto, sempre lembrei de que preciso ser amigo dos meus rins. E posso te dizer mais?

Quando pensava em beber água, até mesmo em casa, minha memória buscava a figura de quem? Da placa do rapaz!

O rapaz sempre se aproximava com um sorriso, e as pessoas se preocupavam em ter o dinheiro já contado para facilitar o troco para o garçom de trânsito. Temos ali uma grande lição de valores! Entendemos que beber água é, sim, uma necessidade e, além disso, ele tinha uma postura de trabalhador e não pedia para comprar dele para ajudá-lo, como o outro das balas a que me referi no início. Ele fazia as pessoas refletirem que ali ele estava para lembrar da importância de beber água para a nossa saúde, e estava vestido de forma profissional, servindo com alegria àqueles que queriam comprar do seu produto.

À medida que foi passando minhas idas por aquele ponto, ficamos mais próximos, e um dia o convidei para tomar um café para conversar com ele sobre o sucesso que fazia.

Ele me contou sua história. Como a maioria que vai parar no sinal, perdeu seu emprego e não estava tendo muito sucesso em vendas com picolés ou até mesmo com água na praia. Contrariando a grande maioria, pesquisou e viu essa ideia de se vestir como garçom, e até vendeu nos primeiros dias, mas depois começou a não trazer tanto efeito. E ele precisava manter a sua família. Estava desesperado porque as contas não batiam, por mais que ele trabalhasse doze horas por dia em três pontos diferentes da cidade. Estava ficando desanimado, até que um dia acordou com a frase na cabeça: **"Seja amigo dos seus rins, Beba água!"**

Não pensou duas vezes. Mandou elaborar uma placa bem-feita, e deu mais do que certo. Inovar e melhorar foi o que deu certo pra ele. Abordagens como essa aumentam as vendas sem sombra de dúvida.

A TERCEIRA ESTRATÉGIA
É *SER EXTRAORDINÁRIO*

O mundo das vendas jamais será o mesmo na "missão vendedor" após esta última análise. Conversando com alguns amigos da área, eles me revelaram que passam noites acordados pensando em como aumentar as vendas e bater suas metas, e a única forma que encontram é baixar o preço em relação ao concorrente, fazendo promoções e divulgando-as. E por que isso ocorre?

Já na infância somos ensinados que precisamos tirar a maior nota da sala, senão somos considerados ruins ou medianos em relação aos que tiram nota máxima. Note que o aluno é forçado a disputar sempre com os outros, para mais cedo ou tarde, quando se torna adulto, sair à procura de algo que lhe responda ou tire este peso de suas costas.

O que há de errado nessa visão é que estamos baseando o mundo segundo o resultado dos outros, aquela disputa infindável... Fulano tem este carro? Eu preciso ter um que seja o dobro do preço. Beltrano tem essa casa? Eu preciso ter duas casas que coloquem a dele no bolso. Ciclano ganha X por mês? Eu preciso ganhar XX e assim sucessivamente. Isso quer dizer que não sabemos que há séculos estamos sendo guiados para a direção errada e vivemos essa disputa como se fosse natural.

Já faz alguns anos que ando pesquisando sobre

este comportamento humano e como isso influencia diretamente no mundo das vendas.

O vendedor que, pelo sistema, é pressionado a vender custe o que custar, acaba como aquele aluno que disputa as melhores notas, porém não tem os melhores resultados na vida prática. Sabe por quê?

Porque se concentravam nas notas dos outros e se esqueciam de adquirir sabedoria. Não seria isso semelhante a você, vendedor, que vende de acordo com preço do concorrente?

Sei que agora acabo de provocar em sua mente "vendedora" novos insights. Aproveite essa informação e faça valer a pena sua missão de levar ao cliente sua melhor versão. Ainda hoje os vendedores são vistos como pessoas apenas interessadas em tirar do cliente o máximo que eles podem.

Que tal você fazer parte dessa transformação mundial? Não sei se você tem visto, mas em todas as áreas a corrupção está sendo revelada e expondo as mais complexas atitudes do ser humano que são reprovadas. E não será diferente conosco, os vendedores.

Vendedor inesquecível, você já deve ter percebido que venho trabalhando para que você se torne uma referência para seu cliente.

O segredo das grandes marcas multinacionais, e que as mantém no topo, é que já atingiram um nível de consciência de que não precisam disputar com nenhum concorrente. Basta apenas fazer o melhor para seu cliente.

A Apple é, sem dúvida, até o atual momento, a recordista em vendas no mundo com aparelhos tecnológicos. Mas você acredita que eles não disputam com seus concorrentes? Sim, isso mesmo! A filosofia de trabalho é extraordinariamente simples, ou seja, quanto mais eu faço pelo meu cliente, entregando valores práticos no dia a dia, maior é probabilidade de ter a preferência qualitativa/quantitativa.

Para ser extraordinário, você não precisa disputar com seus concorrentes, e sim se tornar melhor para seus clientes em todos os aspectos possíveis. E isso faz de você um forte candidato a ser um dos melhores do mundo em vendas.

OS MELHORES VENDEDORES
DO MUNDO

Quando se pergunta por todos os cantos do planeta de como se faz para vender mais, cada pessoa pode definir uma fórmula ou até mesmo revelar um segredo para aumentar as vendas. E essas fórmulas e segredos têm, sim, sua eficácia.

Tenho estudado sobre o tema já há alguns anos, pesquisando como funciona o mundo das vendas e de por quê há vendedores que batem metas e por quê há pessoas que não se dão bem nesse ramo de trabalho.

Sempre que procurei vender algo para alguém, eu preferia ver a solução que aquela venda iria proporcionar ao meu cliente. Por exemplo, ao vender um cobertor, o que eu queria saber é se aquele produto iria aquecer o cliente conforme sua necessidade!

Regrinha básica de vendedor Inesquecível: "Não adianta ser cobertor, é preciso aquecer".

O mundo está ligeiro, e você está percebendo que a honestidade está em "alta", como nunca antes esteve. Agora, imagine no mundo de vendas! Isso reflete no mundo corporativo celeremente. Ou seja, fazer trambiques, engabelar clientes para vender de qualquer jeito, pode custar muito caro. Quem alcança o sucesso real faz exatamente o contrário: os vendedores que fazem carreira no nicho de vendas são os que mais atenderam seus clientes com transparência e honestidade.

Hoje, mais do que nunca, temos que estar atentos que no mundo das vendas, quem semeia transparência e honestidade, colhe vendas contínuas. A missão do Vendedor Inesquecível é grandiosa, pois ele tem um papel importante para a sociedade por estar atualizado com o propósito de um mundo melhor.

Os melhores vendedores do mundo são os que entregam soluções e não apenas produtos. Um carro com defeito não deixa de ser um carro, porém não atende à necessidade que se espera. Comprar algo que não resolve seu problema é realmente angustiante e gera revolta.

Há empresas que só crescem e aumentam suas vendas por algo muito claro na sua missão, manter a qualidade de excelência, criando novas versões que cada vez mais satisfaçam o cliente. Trata-se da melhoria contínua. São empresas com profissionais que nos trazem um exemplo valioso, pois não estão preocupados em vender de qualquer forma, mas estão ocupados em compreender cada vez mais o ser humano. Por isso, agem como gênios que realizam desejos e estão sempre atualizados com as necessidades das pessoas. O que aumenta as vendas e fideliza clientes está sempre atrelado ao combo de qualidade do produto e atendimento.

Alguns exemplos de empresas que seguem esse modelo são McDonald's, Coca-Cola, Starbucks e outras... Ou seja, todas, sem exceção, trabalham com inovações e se especializam em pessoas. Portanto, fazer o que é certo pode colocar você entre os grandes vendedores do século. Isso quer dizer que seu foco é seu cliente e nunca seu concorrente. E quando você trabalha com ética de atendimento, você sempre vende a solução para o cliente.

OFEREÇA SOLUÇÃO QUE VOCÊ NÃO PRECISARÁ DAR RAZÃO

Todo mundo sabe que quando uma árvore deixa de produzir frutos, ela está perto do seu fim... Imagine que sua empresa seja uma árvore. Como você a vê? Frondosa e vigorada, ou ressequida?

Assim como a árvore que se deixa morrer, também pode ocorrer com sua empresa. A questão não é de quem é a culpa, mas de quem será a responsabilidade de mantê-la produtiva.

O mundo passa por várias formas de transição, seja no cenário político, na vida pública ou até mesmo no mundo corporativo, onde você, vendedor, está inserido. Estamos saindo da intenção de enganar para a atitude de solucionar os problemas que o cliente em potencial necessita.

Já se foi a época em que uma empresa só pensava em vender sem se preocupar com a satisfação do cliente. A empresa que não se adaptar ao novo mercado terá os dias contados e, provavelmente, estará fora do mercado. Não é à toa que as empresas campeãs em vendas estão sempre inovando e trazendo ao seu corpo familiar o mesmo propósito, onde desde o faxineiro até o diretor falam a mesma língua.

Depois de anos de pesquisas, hoje é possível entender o adágio popular "o cliente sempre tem razão". Esse ditado é repetido por inúmeros empresários e gestores, porém sem a real noção do que isso representa para seu negócio. Quando asseveramos que o cliente tem razão, isso invoca que algo na empresa não saiu como deveria.

E o que isso implica dizer?

Que a Empresa está deixando a desejar. Uma empresa que não faz o prometido, não ganhará a admiração do seu público.

Há alguns anos fui convidado para fazer uma palestra para uma loja de tecidos. A empresa, que durante muito tempo era a única do mercado de uma pequena cidade, se viu ameaçada, pois uma nova loja entrou com força total para disputar as vendas. A antiga loja continuou seu processo de atendimento, ou seja, todo mundo indicava, até porque era a única da cidade.

A loja já estava na terceira geração e se via num processo jamais visto. Os vendedores começaram a ver as pessoas sumirem do espaço da loja. E isso foi se complicando cada vez mais até ter que demitir funcionários para conter as despesas.

A loja, que antes possuía 48 funcionários, teve que reduzir para 23. E, como você pode imaginar, essa atitude tomada pelos diretores, que se dividiam entre avós, pais e netos, não resolveu o problema.

Foi então que eu entrei na vida desse pessoal. Eu estava almoçando num restaurante, onde eu iria fazer uma palestra para a Associação Comercial sobre vendas e atendimento. E lá fui apresentado ao senhor de 83 anos que era o idealizador da loja de tecidos que, num ar amistoso, se abriu comigo sobre toda a situação.

A conversa estava moldada exatamente nas dificuldades de vendas, e vi aquele senhor ficar com os olhos lacrimejados ao falar do que estava acontecendo com os negócios de toda a família.

Como à noite teríamos uma palestra aberta, lhe convidei para participar, mas ele disse que não podia porque tinha outros compromissos. Eu não queria ser indelicado com aquele senhor, mas algo tocou meu coração e senti que poderia fazer algo por aquela família. Então olhei nos olhos e disse:

– Se o senhor pudesse participar de um evento onde todos seus problemas poderiam ser solucionados, o senhor confirmaria a presença ou deixaria essa oportunidade passar?

– Bem, se fosse realmente resolver meu problema, é claro que iria – respondeu ele.

Eu não tinha nada a perder, e sim a doar àquele homem, foi então que lhe fiz uma proposta:

– O senhor virá hoje à palestra sem nenhum gasto, é meu convidado. Se mesmo assim o senhor não sair de lá convencido que de que fez um bom negócio, é só me dizer quanto custa sua hora que eu pagarei.

O senhor sorriu e disse:

– Já é um bom negócio!

– Como o senhor pode ver, não tem nada a perder, e sim muito a ganhar.

E colocando as mãos no meu ombro me disse:

– Gosto de pessoas assim.

– E eu gosto de gente como o senhor–respondi, prontamente.

– Eu irei sim.

– Bem, eu lhe disse que se o senhor não gostasse, eu lhe pagaria sua hora, certo?

– Certo... Mas minha hora é muito cara! – respondeu, sorrindo.

Nessa hora eu falei algo que lhe comoveu. É o que sempre digo em fechamento de vendas:

– Se sua hora me entregar o valor da alegria, não será seu preço que me deixará triste.

Eu percebi que agora poderia oferecer algo a mais. E, então, lhe fiz mais uma proposta.

– Como fiz com o senhor um trato, quero lhe fazer mais uma proposta, o que acha?

– Ainda tem mais alguma coisa que eu posso ganhar? – brincou ele.

E isso tudo era assistido pelo meu contratante.

– Se o senhor não gostar, eu lhe pagarei sua hora, porém existe outro lado da moeda, que é mais importante: caso o senhor goste, faremos esta mesma palestra na sua loja.

O senhor foi à palestra, e acabei fazendo para seus funcionários a mesma palestra!

Minha fala era exatamente sobre como aumentar as vendas usando a observação que os clientes necessitam. E uma das coisas que a loja não fazia (e começou a fazer desde então) foi entregar os pedidos para as fábricas.

Pequenos detalhes podem fazer a diferença. Enquanto se ocupou em fazer o que era melhor para os clientes, não precisava mais se preocupar com o concorrente.

Detalhe! Quem não aguentou foi a loja concorrente, que acabou fechando e indo para uma outra cidade. E, para aquele senhor, ficou o seguinte aprendizado que deixei no final da palestra:

"Não basta ser a única da cidade ou do mundo, é preciso ser a que mais observa o que o cliente quer e necessita".

E aqui quero partilhar com você, vendedor: se atende à necessidade do seu cliente, você nunca precisará lhe dar razão.

Ao invés de dar razão ao seu cliente, experimente oferecer solução. Quem se ocupa em promover satisfação ao cliente, não precisa conceder razão. Lembrando que quando você só tem a razão para oferecer ao seu cliente, corre o sério risco de perder para seu concorrente sua clientela.

"VENDABILIDADE": TRÊS DICAS PARA UMA MEGAVENDA

Eu lhes apresento os três valores de uma venda: Solução, Ética e Contentamento, habilidade esta que chamo de **SEC***.*

Para aplicar o selo de qualidade SEC de vendas, é preciso estar atento ao que esse propósito resolve, pois no atual momento em que vivemos, a entrega de valores agrega mais compras contínuas e fidelização do que apenas a entrega de produtos. Enquanto muitos têm apenas produtos, o vendedor inesquecível, além de produtos, entrega Valores.

O PRIMEIRO VALOR DE UMA VENDA É A **SOLUÇÃO**

Solução:

A primeira coisa que deve estar em vigor é a exatidão dessa palavra (solução), pois é por meio dela que temos a certeza que o cliente sairá satisfeito. Ou seja, a venda que você propõe resolve que tipo de necessidade do seu cliente? É importante você saber a resposta dessa necessidade.

Lembrando que o Vendedor Inesquecível entrega valores nos seus produtos vendidos e também nos serviços prestados. Ele preza pela excelência. E como não poderia ser diferente, atendendo o essencial de uma venda, enquanto muitos se preocupam em convencer o cliente de levar um produto, o Vendedor Inesquecível apenas observa a real necessidade e se OCUPA em fazer para seu cliente o que gostaria que o cliente lhe fizesse. Ou seja, a filosofia de Venda é "O que eu estou vendendo, eu compraria?"

Fazendo essas reflexões, começamos a compreender que o **Valuation*** é fruto de um trabalho ético e que as companhias que mais arrecadam no mercado direto e indireto com seus planos de crescimentos, são exatamente aquelas que entregam soluções para os clientes.

Houve um tempo em que havia vários **Gaps*** que não eram observados pelos taxistas, ou seja, colocavam preço nas suas corridas sem se preocuparem com os valores necessários para seus clientes. Foi então que surgiu o aplicativo UBER. Os seus fundadores, Travis Kalanick e Garrett Camp, como qualquer um de nós, passaram por dificuldades de pegar um táxi e, ao contrário de nós, que apenas reclamamos, eles olharam por outra janela e enxergaram o que ninguém viu. Ou seja, enxergaram no meio de um nevoeiro de raiva a oportunidade de um grande negócio. Conseguiram gerar para os clientes uma viagem segura, que não era apenas mais uma corrida e sim um valor de ter sempre por perto alguém disposto a te levar onde você precisa, com conforto, qualidade e preço justo.

E o que isso representa para nós? O poder de escolha. Ou seja, alguém escolheu entregar um valor. E quando nos ocupamos com o valor, o preço nem é discutido, sabe por quê? Além de uma venda, há um valor no que se refere à solução.

Atenção, vendedores! Se ocupem em dar solução ao seu cliente. Muita vez, passamos por problemas que ainda não foram solucionados, talvez na espera que eu e você possamos fazer parte de uma nova história no mundo das vendas da própria humanidade.

Acredite! Chegou o tempo em que as pessoas terão mais e mais... O poder de escolha, de comprar daqueles em que elas se sintam acolhidas. Vendedor, que em seu selo de qualidade não falte a essência de uma venda, que é a solução que ela proporciona.

O SEGUNDO VALOR DE UMA VENDA É A *ÉTICA*

Ética:

A palavra ética vem do grego **"ethos"**, que traz o significado de "modo de ser" ou "caráter". Não poderia ficar de fora como modo de conduta para as vendas do século XXI. Grande parte da sociedade está cada vez mais atenta aos princípios do "Façamos nós aos outros o que gostaríamos que os outros nos fizessem".

No início da década de 1990, eu contava 17 anos e arrumei um trabalho onde atuava como vendedor de sons para automóveis. Naquela época, o modelo que era comercializado era o de "toca-fitas". Uma das coisas que tínhamos como desafio era fazer o cliente levar a qualquer custo. Não era importante como iríamos fazer isso. O dono da empresa sempre dizia: "O vendedor bom é aquele que o cliente entra pra tomar um café e sai da loja com um som novo no seu carro." Isso era repetido na nossa cabeça como um mantra. E ainda tinha a meta de vendas, dá pra você imaginar o que era o ambiente?

Acredito que sim, mas vender sempre foi uma grande paixão. Apesar das pressões que vivia, sempre gostei muito dessa tarefa. E como era novato e estava em período de testes, eu não tinha sucesso nas vendas. Até que meu chefe me convidou para ir até o escritório e me disse:

– Célio, meu filho, você já está aqui faz vinte dias e não vendeu sequer um toca-fitas. O seu período de teste acaba em 10 dias. Todos que entraram como você já venderam alguma coisa.

Eu só escutava e fiquei sem palavras, pois na minha cabeça só tinha um pensamento: "Vou ser mandado embora". Saí daquela sala com a certeza de que não iria conseguir. Até então, eu tentava fazer com que as pessoas levassem um toca-fitas, mas sempre ouvia dos clientes um "não". Depois disso, então, eu apenas esperava o dia do DDD (Dia da Demissão).

Eu fiquei tão abatido que um rapaz, que era bom de venda, me chamou e disse:

– Tenha calma, Célio, eu vou te ajudar. Tudo é questão da primeira venda, você ainda não se abriu para vender.

Eu não falei nada, mas eu pensei:

"Meu Deus, eu sou tão ruim que ele ainda nem se deu conta que estou aqui há quase trinta dias?"...

Como eu não falava nada, o rapaz me disse:

– Da próxima vez, eu faço a venda e passo o pedido para você. Assim você ganha sobrevida na empresa.

– Mas você seria capaz de fazer isso? – perguntei, quase eufórico.

– Claro! Eu já bati minha meta.

– Mas como você fará isso? – perguntei.

– Apenas deixe comigo e fique por perto.

Alguns minutos se passaram e comecei a entender por quê o cara vendia muito. Enquanto não se tinha nada pra fazer, alguns saíam pra tomar café, e eu sempre seguia o que os outros faziam. Mas esse rapaz, não. Eu o vi olhando o relógio algumas vezes e em seguida me disse:

– Me acompanhe que faremos uma venda agora.

– Como assim? Como você sabe que venderemos? – perguntei, curioso.

Ele, seguro, me chamou pra frente da loja e apontando para uma fila de carros me perguntou:

– Você percebe que há vários carros que estão sinalizando pra entrar aqui no pátio?

– Bem, eu confesso que estou vendo agora porque você me mostrou – respondi, incrédulo comigo mesmo.

Ele sorriu e me fez uma reflexão que nunca mais esqueci. Disse-me ele:

– Célio, meu caro, onde há carros, há probabilidade de venda. Porém, não **vendemos** para carros, nós **ajudamos** as pessoas que conduzem seus carros a se sentirem melhor, ouvindo suas músicas preferidas, e ajudamos pessoas como os caminhoneiros a diminuir a solidão... Você consegue entender isso?

Eu balancei a cabeça dizendo que sim, mas comecei a ficar com medo daquele cara, era uma viagem louca! Para mim, o toca-fitas era apenas um produto que estava em alta, e todo mundo queria ter o seu. Exatamente como é agora com o celular. Mas aquele cara pela primeira vez falou comigo que enquanto muitos se preocupam em vender produtos, o seu foco era o quanto ele iria proporcionar bem-estar, ajudando a pessoa a não se sentir sozinha. E ainda me fez uma pergunta que até hoje eu recordo quando entro no carro e olho para os sons que estão cada vez mais sofisticados:

– Você já imaginou que um simples rádio ligado pode manter um motorista acordado? E que isso pode evitar acidentes? Será que você consegue perceber que não é apenas um produto, mas sim uma solução para amenizar uma saudade da família, como é o caso dos caminhoneiros?

Ele me fez ver algo que mudou a minha vida. E acredito que isso pode mudar a sua também!

Vê-lo atuar nas vendas era algo extraordinário, eu o ouvi dizer para um caminhoneiro:

– Você fez uma belíssima aquisição, a partir de hoje com certeza esse não será apenas um som qualquer, mas um amigo que te acompanhará pelas estradas!

Pequenos detalhes que somente aquele cara fazia nos fechamentos de venda. Positivamente isso refletia direto, pois todos os meses batia suas metas. Centenas de vezes, ele ganhava prêmios da própria loja.

Bem, eu fiquei na loja por mais três anos, e foram os anos mais proveitosos da minha vida. Na companhia deste vendedor inesquecível, aprendi o que hoje uso para partilhar nos treinamentos de vendas e atendimentos. Naquela época, ele já estava atento em vender soluções e não apenas produtos.

Depois desse período, eu quis mudar de cidade, e aí me vi novamente em um trabalho onde precisava vender para sobreviver. Como fui para Belo Horizonte e não conseguia muita coisa, enquanto distribuía meu currículo e esperava para ser chamado, apareceu uma proposta em que eu venderia colchas e roupas de cama, entre outros.

E, claro, enquanto uns vendiam panos, eu vendia soluções! Não demorou muito para o contratante me chamar e me oferecer mais estímulos, ou seja, eu teria mais participação na comissão, pois eu havia me tornado em pouco tempo um dos dez vendedores que mais vendiam na empresa.

Uma das coisas mais importantes para mim era saber que o que eu deveria levar até as pessoas eram as soluções específicas para suas necessidades. Eu aprendi que a ética de uma venda consciente estava toda ela voltada para a necessidade real do cliente.

O TERCEIRO VALOR DE UMA VENDA É O **CONTENTAMENTO**

Contentamento:

Ser bem tratado, em qualquer área, não tem preço. Porém, quando esse valor é esquecido em uma venda, o vendedor está dando um tiro no próprio pé.

O cliente espera de você, vendedor, uma solução para sua necessidade, e que essa venda seja toda ela pautada na ética.

Há alguns anos, eu troquei os pneus do meu carro numa borracharia, e nunca mais fui a outro lugar. O que você encontra numa borracharia? Pneus! Porém, essa era totalmente diferente das demais. Mas o que essa borracharia tem tão de diferente assim?

Uma coisa que todos nós prezamos é que tipo de sentimento uma ação que está sendo feita para nós, nos faz sentir. E se eu posso sintetizar o que sinto quando procuro o trabalho dessa empresa, a palavra certa é: CONTENTAMENTO.

Como qualquer pessoa que queira economizar, eu queria algo mais em conta. Na minha cabeça, todos os pneus eram iguais, até conversar com o dono, que é uma pessoa absolutamente ética com seus clientes.

Eu já havia visto com uma funcionária os pneus que queria comprar, até o dono apertar minha mão e me oferecer um café. Pediu para que eu sentasse um pouco. E quando vi, já estava conversando sobre vendas e sobre palestras, e eu já havia contado que usava muito o automóvel. Foi quando ele me chamou e me fez uma observação que até hoje guardo comigo.

– Você viaja muito? – perguntou ele.

– Sim, muito mesmo – respondi.

– Eu trabalho há 16 anos com pneus, e esses que o senhor está levando são mais baratos, porém acredito que o senhor queira mais segurança na estrada. Não é verdade?

– Sim, quero – respondi, já pensando que ele queria mesmo era me tirar mais dinheiro.

– Olha só, esses aqui são um pouco mais caros. Mas o senhor está vendo aquela caminhonete ali? Ela é minha e, como pode ver, são os mesmos que utilizo. Caso o senhor me permita, sugiro esses pneus para sua melhor comodidade nas estradas. Como quero que volte mais vezes na nossa borracharia, mesmo que o senhor pague um pouco mais, quero que saia hoje daqui satisfeito e com segurança. E como eu gostei do senhor, quero lhe dar de brinde o alinhamento das quatro rodas!

À medida que aquele senhor foi falando, eu fui me sentindo acolhido. Isso, meus caros, é a excelência das vendas: quando o vendedor se coloca no lugar do cliente. Aquele senhor me mostrou que conhecia o mundo que eu vivia e que tinha o produto certo para minha necessidade, mesmo que eu não soubesse que tinha esta necessidade! E ainda me fez refletir sobre o que hoje eu passo para meus clientes contratantes: ***"O que estou te vendendo, eu compro"***.

Já se passaram 9 anos, já troquei de carro algumas vezes, e eu só faço troca de pneus com este senhor. Se você me perguntar por quê estou lá até hoje, eu lhe respondo. Porque, além de atendimento Top, a borracharia hoje faz uma série de outras prestações de serviço que me trazem contentamento. E me atende conforme minha necessidade. Hoje, se eu não posso ir até a borracharia, a borracharia vem até onde estou em qualquer lugar da cidade. Ou seja, sei que se um pneu estourar, um motoqueiro borracheiro irá resolver minha necessidade. E isso gera ainda mais contentamento. Gera confiança. Bem, ele inovou, e outras borracharias até tentam imitá-lo, mas não há como imitar o atendimento carismático.

O Vendedor Inesquecível foca na necessidade do seu cliente e aplica sempre o **SEC** nas suas vendas ou prestação de serviços.

O QUE O CLIENTE BUSCA
EM SUA EMPRESA

Você, empresário, quer saber o que os grandes líderes estão fazendo para obter melhores resultados? Ao invés de apenas vender algo para as pessoas, experimente dar o bônus da solução ao seu cliente.

O cliente do século XXI procura por duas qualidades:

···→ **Excelência material**
···→ **Solução Prática**

Quando uma pessoa quer comprar algo, ela procura evidentemente por um material que transmita confiança, e que o produto seja promotor de satisfação. As grandes marcas atuam exatamente com este perfil no mercado, porque sabem que o cliente busca é por qualidade. Por isso, as empresas que lideram o mercado investem bilhões de dólares em pesquisas e treinamentos para trazer ao seu cliente a satisfação do produto que lança. Uma característica primordial que este produto deve ter é a de resolver uma necessidade do cliente em potencial. É o que chamo de Solução Prática.

Há alguns anos, eu tinha uma cabeça fechada, como a grande maioria das pessoas ainda tem. Acreditava que comprar algo mais barato era bem vantajoso. Com o tempo, fui percebendo que as pessoas bem-sucedidas compravam marcas famosas não por ostentação, mas por um princípio que fui descobrir conversando com um amigo com este perfil. E que vou revelar agora para você!

E a primeira lição que ele me proporcionou foi:

"Pessoas iludidas ostentam no próprio corpo as grandes marcas, pessoas bem-sucedidas **usufruem da qualidade** *das grandes marcas."*

Quando ele me disse isso, ampliou minha visão, porque eram anos pensando exatamente o contrário. Aquele conceito me tocou profundamente. A partir de então, comecei a observar melhor o cenário da vida que se desenrolava ao meu redor. E, como não poderia ser diferente, comecei a ter cada vez mais vontade de conversar com pessoas bem-sucedidas. Tive sacada de entender melhor o ditado: "Me diga com quem andas e direi quem és".

Eu estava cansado de ser uma pessoa malsucedida, e queria aprender a ser bem-sucedido. As pessoas bem-sucedidas a que me refiro aqui, não são somente as que têm muito dinheiro, mas as que sabem investir seu tempo, sua energia e seu dinheiro de forma sensata.

Recordo que muitas vezes comprei gato por lebre e que ficava eufórico por ter algo que aparentemente era igual e com a "vantagem" de que era muito mais barato. Minha alegria acabava quando percebia a qualidade do produto. Entendi que muitos "baratos" saem caro demais!

É certo que a empresa que não traz estas duas qualidades terá dificuldades de se manter no mercado. As crises geralmente não vêm ao acaso, o acaso no mundo corporativo não existe. O que é real são as estratégias e os planejamentos.

A melhor sacada do momento é a transparência do produto que você, empresário, aposta para apresentar ao seu público. A empresa deve se posicionar a favor do cliente, ajudando com uma solução prática.

O grande Líder tem em mente o seguinte: "O que posso fazer para melhorar a vida dos meus seguidores?"

Os líderes dormem e sonham com soluções. Os submissos, quando conseguem dormir, têm pesadelos com as crises.

Os líderes apontam para aonde irão. Os submissos não sabem nem mesmo onde estão.

VISTO POR MUITOS E EXPERIMENTADO POR POUCOS

Por que para algumas pessoas parece que tudo dá certo, enquanto para outras tudo parece conspirar contra?

Você é uma pessoa de sorte? Ou você se acha uma pessoa de azar?

Afinal... existe sorte para uns, e para outros não?

Essas questões me intrigavam muito e, como qualquer ser humano, eu já passei por "maus momentos" em minha vida. Até que um dia resolvi questionar os mistérios que eram impostos e deveriam ser aceitos como regra ou provação de vida. Ou seja, será que uma vez pobre, é preciso se contentar com as dificuldades? Isso implica dizer que a maioria das pessoas passa para seus filhos o que realmente acreditam.

Observa-se a motivação do pescador pelo tamanho da vara. O que eu quero dizer com isso? Se você assistir a dois pescadores se preparando para uma pescaria, e você pudesse analisar o que eles pretendem, qual seria a forma de observá-los? Basta olhar o material que levam, que podemos dizer o que eles pretendem pescar.

E eu digo "muito bem!". Agora pense em sua vida, que peixe deseja pescar?

Você já observou que existem três tipos de pescadores? Se ainda não observou, eu vou lhe apresentar.

✓ 1) **O dublê.**
✓ 2) **O amador.**
✓ 3) **O profissional.**

O **Dublê** é aquele que só ensaia pescar, mas nunca consegue nada, a não ser dar banho em minhocas. E se não sabe pescar, provavelmente não saberá onde encontrar o cardume de peixes.

O **Amador** já consegue pescar alguma coisa, e até sabe os nomes dos peixes, mas são peixes pequenos, que quase nem dá para alimentar-se deles.

O **Profissional** já sabe aonde provavelmente terão mais peixes e que espécies está procurando. E ainda têm o material correto para pescar peixe grande.

Dos três, responda rápido, quem você acha que terá mais probabilidade de voltar para casa com uma boa pescaria?

Se você respondeu "os profissionais", eu lhe digo "muito bem!", isso demostra que está atento ao que é muito importante.

Gosto de pessoas atentas, pois são as que mais aproveitam as oportunidades. Não que não goste das pessoas desatentas, mas atenção é como um rio que flui. Chegaremos juntos e mais rápido, se mantivermos o mesmo compasso.

Agora volte pra sua vida, e o que você tem tentado pescar?

Seus peixes são imaginários como os do dublê, pequenos como os do amador ou são enormes como os dos profissionais?

Lembra-se do tema de nossa conversa?

Se não lembra, não se preocupe, é uma honra colocá-lo situado.

"Visto por muitos, experimentado por poucos".

Os dublês e os amadores veem, mas não experimentam o que os profissionais vivenciam.

A boa notícia que tenho para você é que há como transformar-se em um profissional de grande potencial.

Se você deseja ser um Vendedor Inesquecível, precisa entender a semelhança que tem com o pescador profissional.

Pescar é como vender. Da mesma forma que existem os amadores, os dublês e os profissionais na pescaria, em vendas lá podemos detectá-los com precisão.

1   *O vendedor amador* é aquele que tem medo de falar, sente frio na barriga toda vez que precisa abordar um cliente, é como o pescador que apenas dá banho em minhocas. Ou seja, nunca bate metas e vive passando aperto por não ter expertise na profissão. Se não tem conhecimento de gente, não tem como agradar quem você não conhece.

LEMBRE-SE: *Quanto mais você conhece seu cliente, maior é a chance de promover satisfação.*

2   *O vendedor Dublê* é aquele que fala muito e vende pouco. Quando você olha abordar um cliente, até chega a pensar: "uau, vai fazer uma grande venda". Porém, tudo não passa de frases decoradas, que transmitem superficialidade, por isso acaba não concluindo uma venda. E é muito conhecido no meio comercial pelos clientes que quando percebe que a venda não foi feita, apela para a frase mais negativa de um vendedor: "Compra aí para me ajudar".

LEMBRE-SE: *É você, vendedor, que precisa auxiliar o cliente. Ele não comprará para te ajudar, você é quem vende para ajudá-lo a resolver um problema.*

3 **O vendedor Profissional** é aquele que conhece o cliente por estudar seu comportamento, por ter a ciência de que, enquanto o cliente olha para o objeto de desejo, ou fala do que precisa, o vendedor inesquecível concentra em analisar detalhes por detalhes, que são capazes de fazer com o que cliente brilhe os olhos de gratidão quando a venda é acertada por pequenas ações.

Vendedor, desejo que isso entre na sua cabeça e encharque seu coração. Quando estiver pescando, pensa nos peixes como se fossem seus clientes, e quando estiver vendendo, pensa nos clientes como se fossem seus peixes. Porque, meu amigo vendedor, quem saber pescar como profissional, pode sim ser um vendedor inesquecível.

LEMBRE-SE: *O Vendedor Inesquecível procura todos os meios para atender aos desejos do cliente. Do produto vendido até a uma simples informação, deve ser feito com a mesma atenção.*

"FOCOMENSURAÇÃO" DE CLIENTES

*Para aumentar sua receita, é preciso identificar os valores que cada cliente lhe traz. **"A cada um segundo suas compras"**. É justo dar o seu melhor para quem te pague em dia, e tenha preferência pelo seu comércio ou prestação de serviços. Por isso, quero lhe ensinar algo.*

Foco significa concentrar, e **mensurar** significa medir, ou seja, medir o grau de concentração.

E como isso pode lhe ajudar nas suas vendas?

A estrutura da focomensuração se dá por um processo seletivo do alvo que se deseja atingir. Para você compreender, vamos dividir os clientes em três grupos:

- **Clientes Essenciais**
- **Clientes Fundamentais**
- **Clientes Necessários**

Começaremos debaixo para cima. Os Clientes Necessários são todas as pessoas que chegam à porta do seu estabelecimento, e com o tempo isso poderá mudar. Mas, em matéria de análise, é importante selecionar seu atendimento Vip para os clientes que fazem sua receita subir o faturamento. O que eu quero lhe dizer com isso?

Imagine que eu tenho um comércio de carnes, e você seja um Cliente Essencial, ou seja, é consumidor assíduo do meu produto, daqueles que eu já até sei como será seu pedido.

Nesse momento entra em ação a focomensuração.

Vamos supor que acaba de chegar aquela carne que você tanto gosta. O que vou fazer? Ligar para você, para lhe comunicar que a carne que você gosta acabou de chegar, e é obvio que vou lhe comunicar que estou separando o **melhor para você**. A pergunta deverá ser no sentido positivo de venda, "quantos quilos deseja que eu separe para você?".

Você, como cliente, ficará feliz por **três razões**.

I. Lembraram-se de você. E isso faz você se sentir importante. Quando uma pessoa se sente valorizada, a tendência é que ela fique satisfeita, e é aí que se cria o elo da fidelização.

II. Respeito por sua pessoa. Quem não quer ser respeitado como cidadão? Ou seja, o dono do estabelecimento reconhece seu valor, sendo assim você, consequentemente, reconhecerá o valor daquele estabelecimento em sua vida.

III. Preferência por você. Você entenderá que existe um atendimento "vip" direcionado a você, e sendo assim ficará tão feliz que indicará outros clientes que tenham o mesmo potencial de compra.

Uma vez dito isso, deixa eu lhe dizer uma coisa importante!

Isso não quer dizer que tratarei pior os outros clientes, mas é justo dar o melhor pra quem me proporciona a preferência. É muito comum alguns comércios perderem clientes por falta desse tratamento vip. Por exemplo, se eu tenho uma loja especializada de carnes, e você é um cliente ativo nas compras, provavelmente eu já até sei como é o seu gosto para bife. E aí imaginemos que você me procure atrás daquela carne, e eu já tenha vendido tudo e não sobrou nada pra você. Então eu lhe digo:

– Poxa, acabou, vendemos tudo.

Talvez por educação, você, que é o cliente, não diga nada, mas por dentro, em seu coração bate aquela frustração. Pois, mesmo sendo tão assíduo, eu não fui capaz de me lembrar de você. Na sua cabeça, eu não te valorizei por todas as vezes que você comprou de mim.

O que isso pode ocasionar? Esse Cliente Essencial vai procurar outro estabelecimento. E se no outro ele achar o que procura? E se o outro tem conhecimento da Focomensuração? Lógico que eu o perderei!

INVESTIMENTOS / VENDAS

Quando você sabe falar o que quer, até uma bronca soa bem aos ouvidos do outro. E o que muitos não se dão conta é que certas palavras só atrapalham a fidelidade do cliente em potencial, sabe por quê? Quando ele percebe que você quer somente o dinheiro, e não se interessa em fazer com que a aquisição seja para agradá-lo, ou seja, quando o empresário quer somente ganhar, sem nada oferecer de satisfação ao consumidor, esse cliente buscará outro lugar para comprar.

Muitos dizem assim: "Este aí vende até pedras". Precisa tomar cuidado! Quando chego em casa, e me dou conta da compra mal realizada, e percebo que fui persuadido a fazer a tal compra, não me resta outra opção como cliente a não ser a sensação de que fui enganado. E ninguém gosta de se sentir assim. Lógico que não voltarei mais naquela loja!

Realizamos uma pesquisa de campo em que perguntamos sobre a satisfação do atendimento. Participaram 76 mulheres e 42 homens, num total de 118 pessoas. A pergunta foi:

O que te faria não voltar novamente num comércio?

✓ **Propaganda Enganosa.**

✓ **Preço Alto.**

✓ **Localidade de difícil acesso, tais como distância e estacionamento.**

A pesquisa apontou que 86% dos clientes que não voltariam mais a fazer compra no mesmo local, foi pelo fato de terem sido enganados pelo atendente. 4% não voltariam porque acharam a concorrência mais perto. E, pasmem, 10% apenas não voltariam porque acharam caro. Olha que dado importante, não é o preço das coisas, mas o atendimento mal executado que acaba com seu comércio. Se seu produto é de qualidade, e seu atendimento é planejado com excelência, acredite, sua empresa está à frente de muitas...

Não faça apenas vendas para seu cliente, mas deixe-o assimilar que a compra é, na realidade, um investimento que lhe traz satisfação só de olhar o produto adquirido. É óbvio que encontrará uma concorrência do outro lado da rua, por isso é importante que ele se sinta impactado ao ser atendido por você. E aqui vale a pena entender que, se este cliente estiver chateado, já vai chegar no concorrente contando a insatisfação com sua loja, ou seja, o simples fato do atendente concorrente ser um bom ouvinte, já irá fidelizá-lo. E ainda entregará ao concorrente um ponto fraco seu para que ele possa crescer em cima disso!

Deixe-me lhe contar um fato que aconteceu comigo. Eu queria comprar um automóvel e, assim como muitos, também esse era meu sonho. Fiz uma boa economia para adquirir o carro, pois facilitaria muito minha locomoção. Quando cheguei à concessionária, não tinha a mínima ideia como seria feito. Mas, como sabia que para ser o bom **sabedor** deveria antes ser o bom **indagador**, entrei e fui perguntando para o primeiro que me sorriu.

E, depois de todas aquelas explicações de taxas e entradas ou o financiamento, cheguei à conclusão de que não daria para comprar. A quantia não dava, e eu não queria dever. Fiquei envergonhado pelo tempo que o rapaz destinou a me explicar, mas não poderia mesmo efetuar a compra.

O rapaz, ao perceber que eu queria mesmo o carro, quando eu já estava de saída me disse algo que mudou tudo:

"Ter um carro hoje não é luxo, mas sim uma necessidade." E me entregou a chave, e falou a palavrinha mágica. "Aqui está a chave, vamos dar uma volta pelo quarteirão?". É obvio que aceitei, na crença de que iria dar uma voltinha num carro zero quilômetro totalmente de graça.

Depois de alguns minutos, voltamos à concessionária, e eu não podia me conter da sensação que era dirigir aquele automóvel.

Sabe o que aconteceu? Ele me explicou tudo de novo, só que agora eu sabia o que era ter a sensação de possuir um carro, ou seja, por meio do famoso teste Drive. Este atendente não me fez apenas uma venda, mas me mostrou a eficácia do investimento. Não me vendeu o carro, mas o conforto e o bem-estar que o mesmo poderia me oferecer. E até hoje, quando quero trocar de carro, adivinha quem eu procuro? O mesmo vendedor e a mesma empresa.

AOS CLIENTES, DAR
RAZÃO OU PREFERÊNCIA?

Quando afirmo que uma pessoa tem sempre razão, estou literalmente tirando o direito dos outros. Mas, quando digo que uma pessoa tem preferência, significa que naquele momento estou disposto a ajudá-la a resolver seu problema. Qual é o problema do cliente quando entra na sua empresa?

Ser atendido perante a falta do produto. Esta é a razão que ele já traz de casa, e não a traz resolvida, mas a preferência de atendimento pode resolver o problema. Seja de eletrodomésticos, frutas ou até mesmo um posto de gasolina, o cliente que está em falta do que procura, espera no mínimo ter preferência, e não razão. As razões não resolvem o problema, mas a preferência sim, atende e fideliza o cliente.

Sabendo expor isso aos funcionários, o empresário tem tudo para ser bem-sucedido. Isso é muito valioso para quem quer fazer a diferença no mundo dos negócios.

Quando se tem ciência do que uma palavra realmente significa, tudo fica mais fácil. Os funcionários, sabendo o que o chefe deseja, e observando que do jeito que o patrão faz dá certo, eles serão os primeiros a aderir ao atendimento de ofertar a preferência e não a razão. Eu, quando busco uma loja para ser atendido, não procuro nenhuma razão. Quero, como qualquer pessoa lúcida, a preferência de um bom atendimento.

E nem precisamos dizer que, quando o cliente procura sua razão, quase sempre o nome da sua empresa vai parar no Procon. E, acredite, isso é uma maldição! Um cliente sem preferência pela sua empresa incentiva outros a fazerem o mesmo.

E em pouco tempo sua empresa não estará listando as revistas que promovem as listas da satisfação popular, e sim a lista das empresas que mais tiveram problemas com o público.

CEGUEIRA
DE MERCADO

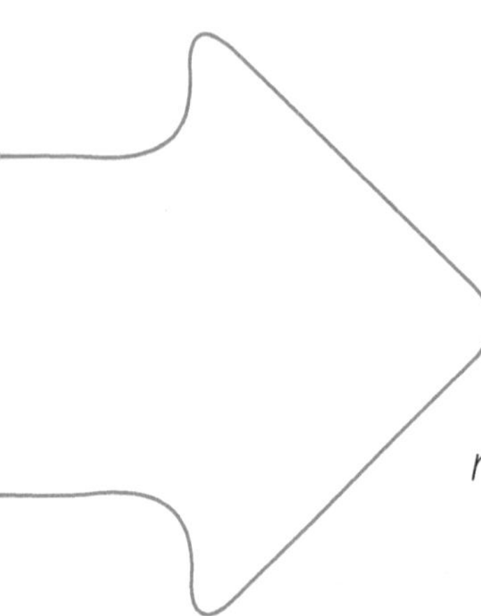

A cada três minutos existem empresários decretando estado de falência, depois de terem investido rios de dinheiro sem o retorno esperado. E por que isso ocorre?

Vou te apresentar três análises para estes casos:

1 Falta de Objetivo e de Planejamento Definidos.

O empresário deve a todo o momento decidir o que quer. Por exemplo, não adianta apenas abrir uma loja e sair contratando gente pra atender seus futuros clientes. É preciso dizer com clareza o seu propósito e treinar sua equipe para vender não só produtos, mas acima de tudo doar simpatia aos seus clientes. Os vendedores precisam conhecer a empresa, as metas e quais planos levarão a atingir essas metas.

2 Cegueira de Mercado.

É o que chamamos tiro no escuro. Se você quer um alvo, não adianta atirar pra qualquer lado, tem que ter precisão! Quanto mais focado, maior é a probabilidade de acertar. Para isso, é preciso saber exatamente onde se quer chegar. O líder apresenta as metas e o planejamento estratégico, e o vendedor foca em realizar!

3 Falta de Entusiasmo.

Pesquisas no cenário corporativo apontam que 67% das desistências de compras são devido aos atendimentos mal executados. Vendedores que não se entusiasmam com o que fazem! E aí tudo perde o sentido. O cliente acaba até mesmo atravessando a rua para comprar do seu vizinho porque na sua loja o clima é morno, para baixo... E, uma triste realidade, esse cliente irá comprar do outro por se sentir menosprezado devido a um atendimento sem entusiasmo.

Eu, particularmente, adoro a palavra **ENTUSIAS-MO**, porque vem do grego que significa *en* + *theos*, literalmente "em Deus". E aqui, quando pensamos em Deus, significa uma ação poderosa que irá me atender as expectativas. Logo, o empresário atento ao objetivo de vender, deve ter o diferencial que é estar entusiasmado, e que a sua empresa não só vende, mas atenta o coração do cliente, fazendo-o ter vontade de voltar e, sucessivamente, indicar sua empresa aos demais.

Então, agora que você já sabe que não deve cometer esses três erros, vamos repeti-los para você não esquecer? Cegueira de Mercado, Falta de Objetivo e Planejamento Definidos e Falta de Entusiasmo.

Ao vendedor inesquecível, não basta saber sobre esses erros, é preciso evitá-los a todo custo!

NÍVEL DOS FILÓSOFOS LÍDERES

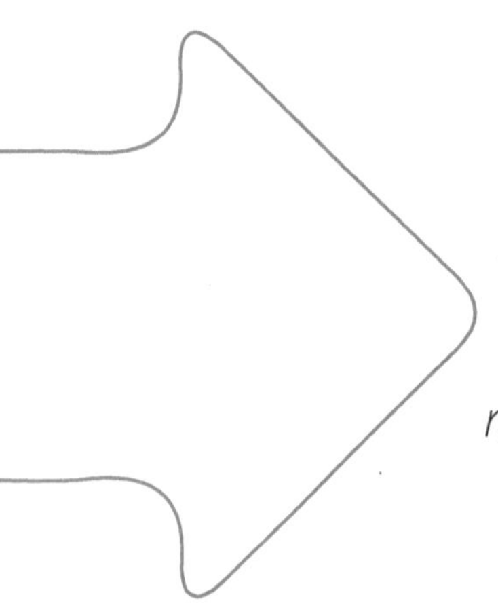

✓ 1) **aqueles que acreditam em sorte.**

✓ 2) **aqueles que sonham, mas não acreditam no próprio sonho.**

✓ 3) **aqueles que sonham e correm atrás do sonho.**

Qual é seu tipo idealizado?

Se você respondeu o terceiro grupo, deixa eu te falar uma coisa. Pare tudo! E venha comigo que vou lhe mostrar algo realmente muito valioso.

Existem pessoas que querem ganhar dinheiro com suas vendas, mas nem sempre as coisas saem como elas queriam, e até dizem que "a vida às vezes é muita ingrata", o que não é verdade!

A vida é essencialmente **JUSTA**! Na realidade, existem sim pessoas preparadas para obter resultados melhores. Mas por que algumas pessoas são melhor preparadas?

É aqui que as coisas começam a fazer sentido, quando você, empresário, começa a enxergar a sua verdade. Você está preparado pra sua verdade?

Gosto de pessoas que decidem rápido, porque já são pessoas que sabem o que querem, e isso, meu amigo, é o começo de um novo fim, e a continuação de quem quer se manter no pódio.

O nível de percepção dos Vendedores Inesquecíveis é amplamente enriquecedor. São pessoas que antecipam o mercado porque sabem o que o cliente quer. E quando se sabe o que uma pessoa quer, tudo fica mais fácil.

"Me diga o que queres, e direi onde encontras."

ESTIMULE A SATISFAÇÃO E ELES **PAGARÃO O QUE VOCÊ QUER**

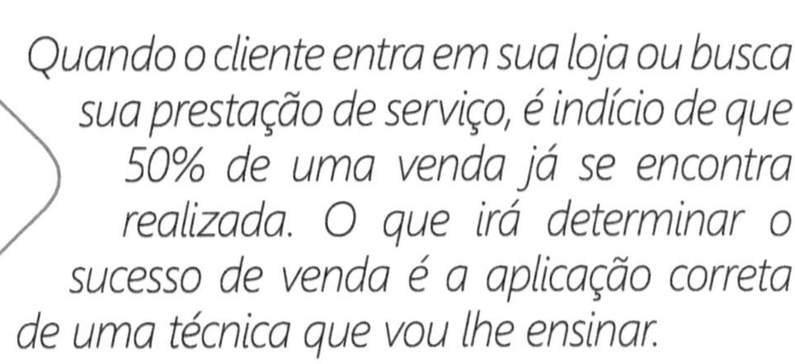

Quando o cliente entra em sua loja ou busca sua prestação de serviço, é indício de que 50% de uma venda já se encontra realizada. O que irá determinar o sucesso de venda é a aplicação correta de uma técnica que vou lhe ensinar.

Antes quero te mostrar algo. Os vendedores ansiosos cometem erros que atrapalham não só a venda deles e suas comissões, mas isso atingirá em cheio o marketing da sua empresa, só que de forma negativa, ou seja, sua marca fica manchada como de um péssimo atendimento. E em 70% dos casos, o cliente não levará seu produto ou sua prestação de serviço por uma questão bem simples, que é quando esse vendedor mal capacitado começa a cercá-lo. Ninguém na face da Terra gosta de se sentir cercado, com um vendedor "no pé". Isso provoca a sensação de sufocamento e faz com o que um cliente que tinha certeza do que queria comece a ter dúvidas, e isso, pra quem tinha 50% de incertezas, aumenta em até 80% para que esse cliente desista de comprar de sua empresa.

Em várias oportunidades que tive para conversar com clientes, a maioria me disse que o preço da insatisfação é a pior sensação que eles podem sentir. Quando isso ocorre, o cliente perde o encantamento até pelo produto que pode ser bom, mas o cliente insatisfeito vai atravessar a rua e talvez compre até um produto inferior para as suas necessidades. Não sei se você já observou, mas quando alguém te recomenda uma empresa para se tornar cliente dela, a primeira coisa que ouvimos é que "o atendimento lá é top".

Isso propõe uma ressignificação no sentido de vendas do século XXI. E vou lhe mostrar a importância disso em sua vida e em seus negócios.

Quero lhe apresentar uma técnica que irá transformar sua empresa numa marca procurada, e eu batizei essa técnica de "Acolhimento Empresarial".

ACOLHIMENTO
EMPRESARIAL

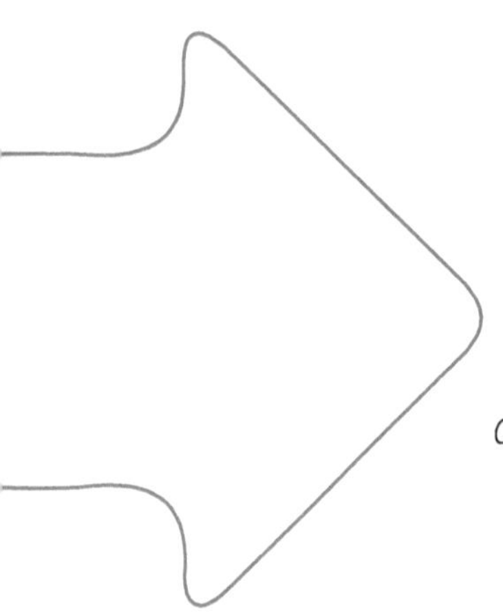

Você deve estar se perguntando o que significa o acolhimento empresarial. O que isso pode fazer para aumentar as suas vendas e trazer lucratividade?

Primeiro vamos ao que é o Acolhimento Empresarial:

É a maneira que você usa para encantar o cliente já na recepção. Muitos clientes entram em uma loja e se sentem invisíveis. Isso porque ninguém chega para manifestar o desejo de atendê-lo. E parece que não, mas sua meta de vendas está sendo prejudicada exatamente por isso, ou seja, por não haver uma estrutura de atendimento que elimina estes gaps entre sua empresa e o cliente.

Existem duas metas que devem estar em sintonia uma com a outra, senão a coisa não acontece. São as metas de crescimento da empresa e as metas de venda do vendedor. Se o vendedor não soma suas qualidades em atendimento, todo planejamento da empresa pode ser imensamente prejudicado. E o vendedor que prejudica a empresa, está na realidade se prejudicando...

Pensando em você, eu separei as três lacunas que se abrem na sua empresa para que isso ocorra corriqueiramente. E isso é como um vírus que se instala no seu computador, que vai fazendo o estrago pouco a pouco, até que um dia lá vem o tamanho da conta para se pagar. Aí você fica se perguntando "por que isso ocorreu?".

1ª Lacuna:

Quando a loja está com os atendentes "ocupados", pelo fato de o comércio estar mais cheio, principalmente num dia de promoção ou liquidação.

Isso ocorre mais vezes do que se imagina e passa ser uma marca ruim para imagem de sua empresa. Pelo simples fato de se vender muito, mas atender com qualidade de menos. O aumento de venda ocorre na semana de promoção, porém, pelo péssimo atendimento, não se mantém como ticket médio lucrativo.

Imagine um time de futebol para dar início a um jogo. O que se conta são os onze jogadores que irão entrar em campo e procurar vencer a partida, mas do lado de fora do campo, sentados em um banco, existem o técnico, o coordenador técnico, o massagista, o médico, a sua equipe e os jogadores reservas. Um simples jogo de futebol pode trazer uma aula de ações para sua empresa, ou seja, *a depender da situação da partida, muda-se a estrutura de movimentações dos jogadores de acordo com a estratégia do time adversário.*

O que isso tem a ver com as vendas? Se sua empresa pretende fazer uma ação que estimula mais a entrada de consumidores do que o que normalmente entra, deve se ter em mente que quem chama mais pessoas para um almoço, há que se aumentar também o cardápio.

De tal forma que se você pretende investir em promoções para aumentar suas vendas, não dê um tiro no pé. O que faz as grandes marcas terem seus tickets médios valorizados (crescimento em lucros) são as ações de qualidade que se mantêm em seus atendimentos.

Isso implica dizer que, se haverá maior entrada de consumidores, também deverá haver um planejamento de colaboradores para que as pessoas saiam com uma boa impressão a ponto de quererem voltar. Se a ação é importante para a empresa, todos devem estar engajados, do gerente comercial até o Presidente. Se precisar, todos sem exceção devem colaborar nos atendimentos aos clientes.

Permita-me partilhar com você algo muito valioso sobre a importância do Acolhimento Empresarial. Eu fui até um determinado banco fazer uma ordem de pagamento, e chegando lá me deparei com uma situação um tanto atípica e difícil de entender que em pleno século XXI ainda isso ocorra em grandes empresas, como é o caso deste banco.

Havia inúmeros clientes insatisfeitos com a demora dos atendimentos, e o atendente do caixa, que estava atendendo sozinho, não estava muito preocupado, pois o gerente não colocara outro funcionário para atender. Isso tudo criava indignação e uma revolta ainda maior, porque na entrada do banco havia um funcionário entregando senhas, então as pessoas questionavam que elas poderiam retirar suas senhas sozinhas, que o funcionário poderia ser direcionado para atender no caixa. Enquanto isso, a fila crescia, e chegou um momento em que era inviável deixar as pessoas retirarem suas senhas para serem atendidas, mesmo ainda sendo 13h40.

Como se pode perceber, estava um caos total. E sabe por quê? O gerente não se pôs em nenhum momento no lugar do cliente. A primeira impressão que tive foi que a equipe fazia tudo ao contrário para desagradar o cliente. Aquela agência estava merecendo receber o slogan "**RUIM PRA TODOS**".

Muitas discussões faziam que o atendimento travasse ainda mais, e era possível ver o gerente sentado na sua cadeira como se fosse apenas mais um dia de expediente. Até que as pessoas começaram a falar mais alto, e uns procuravam seus direitos e outros a ouvidoria... Foi então que o gerente, depois de muitos transtornos, resolveu pedir a atenção de todos nós. E ele começou a dizer que, devido à falta de uma funcionária, que entrou de licença-maternidade, a agência estava passando por esses transtornos. Ou seja, o gerente acabou de dizer que a culpa era totalmente do banco, e não de responsabilidade dele. Imagine a imagem da empresa que este gerente vendeu para todos nós?

– Mas em breve isso já será corrigido pela agência – disse ele.

Alguns diziam: "Nossos problemas precisam ser atendidos é agora."

No meio de tantos que só reclamavam, surgiu a voz de um senhor que disse:

– Por que o senhor mesmo não abre mais um caixa para atender?

O gerente ficou surpreso com a pergunta-sugestão, e sem respostas. O senhor então continuou:

– Falo isso porque já sou aposentando como gerente de banco, e várias vezes eu fiz isso e não ocorreu esse problema todo para inúmeras pessoas. Basta uma atitude sua! E sabemos que não irá resolver num passe de mágica todos os problemas, mas num passe de ação pode se amenizar a sensação de que não somos importantes para o Banco.

O senhor foi aplaudido, e os funcionários da agência ficaram boquiabertos.

O gerente se rendeu à sugestão, e ele próprio colocou a mão na massa. Acredite! Eu que estava há mais de duas horas à espera de ser atendido, com a sugestão desse senhor para o Gerente, não demorou nem mais 30 minutos e eu já estava fora do banco.

O que aprendi com este senhor é que existem dois tipos de profissionais:

Os que só possuem *formação acadêmica* e os que, além da formação, usam *informação de estratégia*.

Veja que a sua equipe comercial tem muito a ganhar quando os funcionários estão preparados para jogar o jogo de acordo com a necessidade. Entenda que não se chega ao benefício sem antes passar pelo sacrifício. Não há lucro onde há incompetência de atendimento.

Vendedor, jamais deixe um cliente se sentir invisível, pois essa é a pior maneira de perder não para concorrência, mas sim por incompetência.

2ª Lacuna:

Quando o número de pessoas aumenta proporcionalmente, e o vendedor quer dar atenção para todos e se perde no atendimento.

Em matéria de atendimento, não existe mais ou menos. Se você quer 100% de excelência em lucros, é preciso estar 100% dedicado à necessidade do seu cliente.

Eu confesso que não gosto muito de entrar em lojas quando ocorrem duas situações: quando a loja está terminando o expediente e quando a loja está abarrotada de pessoas para comprar a qualquer custo, como acontece nas "Black Friday", por exemplo.

Quando a loja está perto de fechar, não é uma boa hora para fazer uma compra com calma, e geralmente o vendedor já não te atende com o mesmo sorriso do início do dia. É comum você flagrar o vendedor olhando mais para o relógio do que te dar a atenção devida. Portanto, não recomendo este horário para realizar uma compra que represente a solução de um problema. E esse passa a ser um dos detalhes que fazem com que o aumento de vendas nos sites seja três vezes mais do que o dia normal de expediente. Magazine Luiza, Ricardo Eletro, Casas Bahia, entre outras, vendem sem parar em seus sites. E, por incrível que pareça, o aumento das vendas direto nos sites é após os expedientes das mesmas empresas.

Uma dica: jamais deixe que o horário seja seu inimigo, mostre que você está ali para ajudar o cliente a resolver seu problema e lhe dar o gostinho de realizar seu sonho, comprando algo que você vendeu. Como tem sempre vendedores que só vendem quando estão em horário comercial, sempre surge a oportunidade de vender mais para este público que só tem este horário para realizar as suas compras. É aí que o Vendedor Inesquecível faz toda a diferença, porque não está preocupado com o horário, mas sim ocupado em fazer um atendimento extraordinário.

Um dos segredos dos Vendedores Inesquecíveis é estar atento aos gaps que outros vendedores deixam no atendimento. Recorde que o que lhe dá comissão é seu atendimento, pois o produto em si, se o cliente quiser, pode inclusive comprar direto no site. Como os Vendedores que têm sua profissão como missão compreendem que estando atentos a essa carência, com acolhimento empresarial tem 3 vezes mais possibilidade de bater as suas metas pessoais em vendas, e ainda traz lucros crescentes para a empresa.

O Acolhimento Empresarial traz para sua empresa lucros e, acima de tudo, fãs de sua marca, que não pensarão duas vezes para comprar de você novamente. Como pode perceber, é o que chamamos de "compras contínuas".

3ª Lacuna:

Quando o cliente não tem a impressão de que é importante para a empresa e não vê nenhuma vantagem de comprar de você, pois ele tem na cabeça que basta atravessar a rua para ser bem atendido.

Essa questão de visão do cliente nem sempre pode ser o que você esteja visando fazer, porém, por falta de estratégia adequada, pode se passar uma péssima imagem de desorganização da sua empresa. E, acredite, isso queima mais etapa de crescimento do que você imagina.

É claro que ninguém erra porque quer, mas, uma vez que você erra em atendimento, isso no comércio gera desconfiança e faz perder a credibilidade de mercado. Como você pode perceber com um olhar mais profundo, é um péssimo negócio para sua empresa quando o cliente não se sente importante.

O cliente em si precisa se sentir valorizado para ele lhe dar o retorno de preferência em compras.

O cliente não irá se sentir valorizado só pelo seu café ou por sua água, mas, mais do que isso, pela atenção que você oferece. O Vendedor Inesquecível não vende apenas serviços ou produtos, mas vende a imagem, que é um bom negócio o cliente comprar dele.

MAIS DO QUE **VENDER PRODUTOS,** É **ENTREGAR SOLUÇÕES**

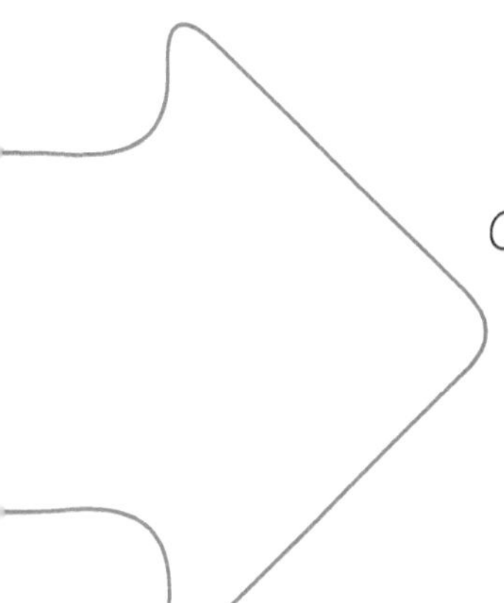

O Vendedor Inesquecível atua de forma clara. O cliente que lhe busca sabe que tem a confiança por atitudes voltadas para sua satisfação.

É comum ficarmos tristes quando percebemos que fomos enganados. Quando se trata de uma descoberta assim, pode ser até um amigo, mas teremos dificuldades de perdoar, sabe por quê? Porque essa sensação é horrível, e não importa de quem venha. Agora imagine você que, ao efetuar uma compra, chega em casa e constata que fez um péssimo negócio?! É complicado só de imaginar! Por isso, a primeira atitude do Vendedor Inesquecível é se colocar no lugar do cliente. Quando isso se dá com naturalidade, as coisas funcionam melhor.

Muito se fala que o cliente deve ter sua satisfação assegurada, porém, quando se trata isso na prática, muitos deixam a desejar. E, acredite, esse tipo de sensação, em que o cliente sente que foi enganado, é diretamente responsável por 83% da queda nas suas vendas.

Vender é estar acima de qualquer suspeita! Não é permitido fazer propaganda enganosa, isso é crime e consta no §1 do artigo 37 do Código de Defesa do Consumidor (CDC).

Para o Vendedor Inesquecível, a primeira coisa que lhe é recomendável é saber os direitos dos clientes e ter ciência dos seus próprios deveres.

Numa ocasião em que precisava comprar os móveis novos para meu escritório, me deparei com uma situação que quero partilhar com você. Pois acredito que isso me fez mudar meu conceito sobre vendas.

Eu já havia entrado em várias lojas para procurar um produto que não me desse dor de cabeça. Ou seja, não queria de forma nenhuma aqueles móveis em que se monta uma vez, e na segunda já é para jogar fora. Todo mundo sabe do que estou falando, porque provavelmente você já deve ter passado por isso.

Depois de ter peregrinado em várias lojas, finalmente cheguei à loja certa e com a pessoa exata. Quando falei do que eu buscava, a vendedora foi me acompanhando, e eu notei que ela mudava sua fisionomia de acordo com que eu falava. Aquilo me deu uma sensação de acolhimento e me senti valorizado. De alguma forma, mesmo que não tivesse o produto que eu procurava, eu já pensava no meu checklist de compras necessárias. Porque aquela vendedora estava fazendo o que eu queria que fosse feito. Ou seja, me dar atenção para resolver meu problema. E outra coisa que me comoveu foi ela se colocar no meu lugar dizendo que também já havia passado por isso.

E ela me disse algo bem interessante: "Como o senhor sabe, nós mulheres passamos por isso mais vezes do que se imagina". Porque somos nós que sabemos quantas vezes temos que movimentar os móveis para um lado e para o outro e isso acaba por fornecer larga experiência sobre o melhor produto, e que com certeza lhe dará maior satisfação. Ela então me apresentou as vantagens e desvantagens do produto em MDF, que é a mistura de fibras de madeira prensada e somada de resina. Porém, enalteceu que não são tão resistentes à umidade. Além deste, me apresentou o material MDP, que é também quase o mesmo processo, porém, suporta mais peso.

Colocando-me no seu lugar (continuou ela), eu quero te mostrar esses móveis de madeira maciça. E o senhor lembra que disse que queria algo que não lhe desse dor de cabeça?

A essa altura, em pouco mais de 5 minutos de sua fala, eu já estava decidido a comprar o mais caro, porque a vendedora me mostrou com simpatia a solução. E que eu queria solução, não apenas um móvel.

Ao efetuar a compra, saí da loja feliz da vida, mesmo pagando por um preço três vezes mais caro do que os outros móveis. Porém, com aquela sensação de que tinha feito um excelente negócio.

O que aprendi com essa vendedora?
Que devo procurar o que quero, e não o que não quero.

E, **acredite** você, essa vendedora não possui nem a quarta série. O que chamou muito a atenção foi saber que ela era campeã de vendas da loja.

Eu gostei tanto dela que, claro, voltei para comprar outros móveis até para minha casa, e me tornei mais íntimo. Ela não estudou em nenhuma Universidade de Marketing e nem fez algo voltado para vendas... Foi então que lhe perguntei o que ela atribuía sobre as pessoas gostarem de comprar em suas mãos.

Sabe qual foi sua resposta?
Disse ela olhando nos meus olhos:
"Eu só faço o que meu coração manda. Não venderia algo para alguém que eu não comprasse. E pode parecer estranho o que vou lhe dizer, mas eu procuro

fazer para os outros, o que gostaria que os outros fizessem comigo. Pois eu tenho meus horários de venda, mas não esqueço que também tenho meus horários onde eu estarei como cliente. Sendo assim, eu posso dormir tranquila quando percebo que fui essencial na escolha de um cliente que sai satisfeito."

Portanto, devo admitir que essa senhora, que não é uma bela moça, mas é uma senhora com seus pouco mais de 50 anos, e que a empresa já passou por várias crises e ela continua fiel aos seus princípios de não apenas vender um produto, mas acima de qualquer dúvida, entregar uma solução para seus clientes.

OS BASTIDORES DE UMA VENDA

Quando temos a noção exata da nossa missão, tudo fica mais fácil. Vender é uma missão amplamente recompensadora para o cliente que leva o que precisa, e para o vendedor que ajuda a pessoa a solucionar um problema.

Somos tão gratos às pessoas que realizam nossos desejos, que criamos histórias para dizer um quanto isso é importante! Quem nunca já ouviu ou leu as histórias sobre o gênio da lâmpada?

E como seria bom encontrar um gênio desses, não é verdade? Que realizará três desejos, e a única coisa que você precisa fazer é esfregar a lâmpada.

Esfregar a lâmpada é fácil. O difícil é encontrar a lâmpada onde mora o gênio.

Mas, vamos por etapa para você compreender o que quero partilhar. Nessa história, há três fatores que precisam ser avaliados, e que estão escondidos, e o que está escondido precisa ser achado.

Temos por ordem a lâmpada, o gênio e os desejos.

A primeira coisa a ser encontrada é a Lâmpada.

– Mas, Célio, o que tem a ver uma lâmpada com minha missão? – você pode estar se perguntando.

Bem, a partir de agora, você nunca mais irá ver a história do gênio como um simples um conto, mas como uma metáfora que nos leva à excelência de resultados.

A lâmpada traz o símbolo da oportunidade. E você sabe como enxergar uma oportunidade?

Alguns vendedores têm muitos problemas com os clientes que julgam serem chatos. Mas, acredite, se você souber lidar com as dificuldades do cliente, ele será grato ao seu esforço e te verá com outros olhos.

Na história do gênio, sempre a pessoa que acha a lâmpada, esfrega sem querer, e o que acontece logo em seguida é o susto. E não sei se você observou que quase sempre as pessoas que acham, estão passando por sérios problemas?

A reação de quem acha a lâmpada, geralmente é o receio e a desconfiança. E isso não é semelhante ao primeiro olhar do cliente?

Mas, agora quero que você observe o comportamento do gênio.

O gênio em nenhum momento julga a pessoa que o libertou da lâmpada, o que ele faz é algo extraordinário.

Diz o gênio: – Como você me libertou, vou lhe realizar três desejos.

Se você achasse a lâmpada mágica, e dela saísse o gênio, o que você pediria?

Bom, eu quase sempre pergunto às pessoas em meus treinamentos e palestras, e as estatísticas mostram que 88,2% das pessoas pediriam em primeiro lugar o dinheiro. Em segundo lugar, a palavra sucesso e, em terceiro lugar, a saúde.

O que o V I pode tirar dessa história e aplicar em seus atendimentos para se tornar uma pessoa inesquecível?

O gênio realiza a cada pessoa três desejos. E isso quer dizer que a cada atendimento, o V I pode atender três desejos do seu cliente.

A partir de agora, você será um genial vendedor. E irá aplicar a técnica dos três desejos a cada atendimento. As grandes vendas são planejadas nos bastidores da loja, onde a equipe bem treinada produz em série as vendas inesquecíveis.

A técnica que irei te ensinar é a seguinte:

O V I atende os três desejos do cliente quando aplica o método que venho ensinando as pessoas que passam pelos meus treinamentos e palestras.

E se atende pela palavra ECO. E isso é uma sigla para você aplicar e ter sucesso em vendas.

OS TRÊS PASSOS PARA SATISFAÇÃO DO CLIENTE

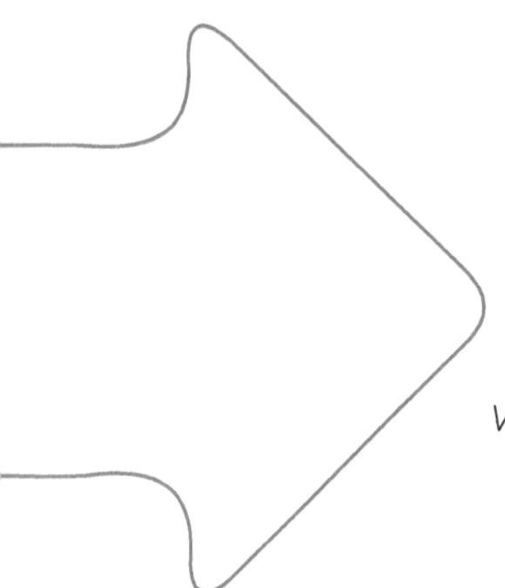

O acolhimento do cliente é essencial em qualquer área em que você pode atuar, agora imagine para você, vendedor!

Por isso, é preciso humanizar nossa relação com o cliente. E isso todo mundo fala. E você, tenho certeza que sabe disso...

Mas, como podemos fazer isso acontecer sem forçar a barra?

Como podemos agir com naturalidade, existe alguma técnica para isso?

Sei que todas essas perguntas e mais outras podem estar passando na sua cabeça e seu coração tá apertado. Acredite! Eu vou lhe ajudar, partilhando com você os anos de pesquisas e observações que tive que fazer e de como fazia para me virar para vender meu trabalho.

A primeira coisa que você, V I, precisa guardar no seu coração e na sua mente, é a palavra ECO. Mas, Célio, o que isto tem a ver com vendas?

Não sei você, mas eu admiro o homem que foi Nelson Mandela que, numa de suas belíssimas frases, desta-co essa para você ligar os pontos:

"Se você falar com um homem numa linguagem que ele compreende, isso entra na cabeça dele. Se você falar com ele em sua própria linguagem, você atinge seu coração."

Isso é extraordinário, ou seja, a capacidade de desenvolver afeto à sua pessoa ou pelo seu trabalho. Por isso, V I, esteja atento que as pessoas compram seus produtos ou te busca por dois fatores, e isso tudo passa pela fase da **necessidade** e depois pelo **afeto**.

A relação necessidade e afeto estão presentes em tudo em sua vida.

Bom, agora que já estamos em sintonia, quero que você descubra os passos para vender e atrair cada vez mais clientes apaixonados por seu atendimento e por sua empresa.

Você sabe que o eco é a repetição que se dá de uma onda sonora, ou seja, a vibração que ocorre repetindo a ação. Se você vai até uma montanha ou uma caverna, e grita algo, após você parar, sua voz ecoa repetindo em vibração o que foi emitido. E o que eu quero que você compreenda é que o eco refaz tudo o que você disse. E isso cria algo essencial para sua vida.

Se você já foi ao show do seu artista preferido, você sabe ou já viu que isso acontece. Chega uma hora em que o artista para de cantar, e o que você faz? Canta pra ele! E se ele dá um grito qualquer? Você repete o grito juntamente de todas aquelas pessoas. Ou seja, você vira o eco do seu artista preferido. Nós temos o prazer de repetir o que outro faz quando nós nos sentimos acolhidos. E isso é muito valioso para a sua empresa, o cliente precisa se sentir acolhido.

Bem, para isso acontecer, é preciso uma habilidade sentimental que muitos esquecem, e quando ela fica de lado, meu amigo, as coisas só pioram.

Agora você irá entender por quê lhe pedi atenção especial sobre a palavra ECO.

ECO é a sigla do V I.

O PRIMEIRO PASSO A SER DADO É O *E* DE ***EMPATIA***

Quando o cliente entra no seu site ou na sua loja física, você precisa ter isso no seu coração bem definido. Ali você está para acolher e para solucionar o problema do seu cliente. E, para que isso ocorra, você, sem embargos, deve ser especialista em empatia. **Empatia** é o efeito produzido por uma pessoa que se coloca no lugar do outro. E isso se desenvolve da seguinte forma:

Se fosse eu que estivesse no lugar dele, como eu gostaria de ser atendido?

Ao se fazer essa pergunta automaticamente, você, V I, vai sendo guiado por fatores do que gostaria que lhe fosse feito, então você passa a ofertar o melhor atendimento ao seu cliente. E se ele está por uma necessidade, ao se sentir acolhido, as próximas compras serão efetuadas mais pelo afeto do que pela necessidade.

Bom, a magia do Eco não pode parar...

O SEGUNDO PASSA A SER DADO É O **C** DE *COMPLACÊNCIA*

Agora que você já se colocou no lugar do seu cliente, e só fará a ele o que gostaria que ele lhe fizesse, vamos ao efeito da complacência.

A pessoa complacente é aquela que tem o desejo de ser agradável ao outro. A **complacência** está muito presente no início dos relacionamentos, e acredite! A falta dessa habilidade sentimental acaba em rompimentos dolorosos.

V I, como você já se colocou no lugar do outro, agora é a hora de mostrar que você tem o desejo firme de ser agradável ao seu cliente. Quando o seu cliente estiver falando, não repare os erros ou as dificuldades que ele tem de dizer o que quer. O desejo focado em ser agradável pode lhe mostrar o caminho para a necessidade específica do seu cliente. O desejo de ser agradável não significa que você tenha que fazer adivinhações. Lembrando que quem sabe fazer perguntas corretas, pode chegar onde quiser. Caso o cliente tenha dificuldades de pronunciar os nomes dos produtos, como você é V I, você irá buscar a necessidade do cliente. Com uma pergunta simples, porém, muito eficaz nas vendas a varejo.

A pergunta é:
Qual é o problema que você procura resolver especificamente?

Por incrível que pareça, muitos deixam de comprar por não saberem o nome dos objetos, e a timidez faz com que desistam de comprar... Eles podem até não saber a pronúncia certa de um produto, ou até mesmo uma peça, mas sabem o que o objeto faz. E acredite, V I! Perdem-se muitas vendas por isso. Ser agradável ao seu cliente não é colocar o sorriso apenas no rosto. É, além do sorriso, ajudá-lo a resolver seu problema ou sua necessidade.

O TERCEIRO PASSO A SER DADO É O *O* DE **ONIBENEVOLÊNCIA**

Como você pode ver, V I, esse terceiro passo é o complemento dos dois primeiros. Colocar-se no lugar do outro e o desejo de fazer o melhor criam uma conexão que gera a Onibenevolência comercial.

O **onibenevolente** é aquele que tem benevolência ou bondade infinita. Quando o cliente enxerga o vendedor como alguém que lhe queira bem, a tendência é sempre voltar para futuras compras. E essa característica é que, concomitante, faz o cliente indicar nova clientela. E quando isso ocorre, todos nós sabemos que as vendas aumentam e sua marca cresce extraordinariamente. O cliente, quando percebe que é sempre tratado de forma agradável, torna-se fã da empresa que investe nos seus funcionários para cada dia inovar no quesito satisfação. A qualidade de onibenevolência pode colocar a sua empresa à frente das demais quando se trata de inovar e atender todas as expectativas do cliente.

Uma venda jamais pode deixar lacunas que possa causar mal-estar no cliente. Por isso, a venda deve atender o essencial da satisfação. Para isso, podemos usar dois princípios básicos para uma venda de sucesso. E uma venda de sucesso é aquela em que o cliente sabe o que está comprando e o vendedor sabe o que está vendendo.

Parece ser óbvio isso, porém na prática não é bem assim. Numa loja, você pode encontrar o vendedor consciente e o vendedor inconsequente. Também há o cliente que sabe o que quer e aquele que não faz a mínima ideia do que precisa.

Quando você vai vender para alguém que sabe o que deseja, essa venda é a mais fácil, pois o cliente apenas te comunica e você faz o pedido.

Mas há as vendas mais complexas, ou seja, são aquelas que o cliente chega sem saber até aonde é a seção. Nesses casos, precisamos usar os três princípios.

PROMOÇÕES

Você tem que ter em mente que seu produto não ganha o mercado apenas fazendo promoção. As grandes marcas, como você tem conhecimento, estabelecem o valor e sabe que quem precisa irá comprar, e por que isso ocorre?

Porque antes de colocar preço, se estuda o valor do produto/serviço que irá entregar para o consumidor final. Quando isso se faz, ou seja, primeiro apresenta os valores e depois estabelece o preço, dessa forma cria-se uma atração entre o produto e o cliente. O cliente, quando sabe da qualidade que irá adquirir, já não faz conta do preço, porque em sua mente já foi esclarecido que o produto apresenta os valores irrefutáveis.

DESCONTO

Caro vendedor, quando isso ocorre, você acaba de dizer com seu comportamento que seu atendimento ou seu produto é inferior ao do seu concorrente.

Veja que o cliente na maioria da vez diz:
"Do outro lado, o preço está melhor."

E, como você pode perceber, o cliente persuasivo não diz que o preço é menor, mas sim melhor. Porém, o vendedor, já receoso com a perda da venda em sua mente, escuta "menor" em vez de melhor.

E isso ocorre porque o vendedor já está esperando para vender sem antes se colocar do lugar do cliente. Recorde da técnica do **ECO***.

Quando você, vendedor, se tornar extraordinário em atendimento, quando o cliente diz:
" Do outro lado, o preço está melhor."

Antes de falar qualquer coisa, lembre-se do sorriso, sempre certifique que sua higiene está impecável e que seu semblante é tão leve que transmita segurança nas suas primeiras argumentações.

A loja de eletrodomésticos estava bem movimentada.
Lucas, o vendedor, estava em alerta e
fez o contato visual com um possível cliente.
Este, por sua vez, percebeu que alguém da loja lhe
olhava e se aproximou do produto.
Um rapaz vestido de terno demostrava estar muito
interessado no ar-condicionado.

Lucas se aproximou com seu sorriso respeitoso e com seu uniforme impecável, o seu semblante suave transmitia uma meiga paz em plena segunda-feira, era um ar de quem havia passado um final de semana extraordinário.

Sorridente, falou ao rapaz:

– Bom dia!

O rapaz percebeu, já era o primeiro fato, "um sorriso", que causou nele uma reação positiva.

A saudação foi, espontaneamente, no mesmo tom:

– Bom dia!

Lucas observou que a testa do rapaz estava com muito suor e, colocando-se no lugar dele, lhe ofereceu uma cadeira para se sentar um pouco.

O rapaz, num gesto compulsivo, respondeu apressadamente com "um não, muito obrigado", mesmo querendo sentar, pois não era uma péssima ideia.

Lucas pegou um copo de água gelada e disse ao rapaz:

– Lá fora está muito quente, e qualquer um estará em pior situação do que a nossa aqui dentro da loja, aproveite e se hidrate um pouco. A sua saúde agradece.

O rapaz ficou surpreso com o argumento e observou que Lucas não trocou seu nome hora nenhuma, e acabou se sentando, já bebendo a água gelada.

– Acredito que o que lhe trouxe aqui foram nossos excelentes produtos. – falou o Lucas.

O rapaz apenas balançou a cabeça dizendo: – Sim.

– Com certeza hoje você irá promover na sua vida mais conforto e poderá trabalhar com mais qualidade. Como você pode perceber, se não tivesse aqui este ar ligado para o nosso conforto, será que eu estaria lhe atendendo tão bem? – perguntou Lucas.

E o rapaz concordou dizendo:

– Isso é verdade!

– Bem, deixa-me mostrar-te o que há de mais novo no mercado. Nós estamos sempre de olho em tudo quanto é oportunidade para melhor atender às necessidades dos nossos clientes – falou Lucas, já conduzindo o rapaz para a ala dos produtos.

Após deixar o rapaz escolher a marca, falou sem pressa os pontos positivos de cada um. Ao que o rapaz ficou na dúvida e falou o que Lucas não espera:

– Bom, Lucas, seu produto é excelente, mas do outro lado o preço é melhor.

Como Lucas era seguro e escutou bem a palavra, sem se hesitar perguntou ao rapaz:

– Entendo sua dúvida, mas é "melhor" em relação a quê exatamente?

– Como você pode ver, o mesmo produto na outra loja está precisamente 120 reais mais barato. O problema de lá é que demoram pra atender, e lá estava tão quente, e o ar desligado com aquele calor insuportável – falou o rapaz.

– Como você pode perceber que o que vendemos, nós somos os primeiros a usá-lo. Provavelmente, lá estão fazendo economia com o condicionamento de energia. E se lá os próprios funcionários não podem se utilizar do conforto, como poderão apresentar um atendimento nota dez? – argumentou Lucas.

Pensando agora melhor, também com esse preço eles não entregam em casa, esse seu preço é com pronta-entrega? – perguntou o rapaz.

– Não só entregamos, como também despachamos no melhor horário para você – falou Lucas.

– Este preço pode ser dividido no cartão? – perguntou o rapaz.

– Pode sim, e sem nenhum acréscimo no valor – pontuou Lucas.

Bom, o fechamento da venda foi mais do que esperado, pois o rapaz saiu satisfeito e com uma ótima impressão. Adquiriu o que precisava e aproveitou para já efetuar a compra de um frigobar.

Quantas vezes isso pode ocorrer conosco, ou seja, comprar aonde o preço está acima do concorrente?

Quando o vendedor sabe conduzir de forma elegante o diálogo, sempre apresentando os valores que a empresa tem interesse de entregar ao cliente.

A necessidade do consumidor tem que ser a inspiração do Vendedor, pois quando isso ocorre, ou seja, quando o vendedor cria essa conexão, o cliente não pensará duas vezes para comprar o próximo produto. É aí que o consumidor deixa de comprar por "necessidade" e passa adquirir por desejo.

A necessidade faz o consumidor procurar alguém que lhe atenda à expectativa de solucionar seu problema, mas quando se compra por desejo, isso significa que o cliente já tem certeza que você é o melhor.

Como você pôde aprender com Lucas, que a cada objeção do cliente, ele tinha um ponto de valor a mais para entregar, demostrando que o bem-estar e segurança do cliente eram a missão dele e da empresa.

Bom, o fechamento da venda foi mais do que esperado, pois o rapaz saiu satisfeito e com uma ótima impressão. Adquiriu o que precisava e aproveitou para já efetuar a compra também de um frigobar.

Quantas vezes isso pode ocorrer conosco? Ou seja, comprar aonde o preço está acima dos outros concorrentes, mas enxergamos os valores que são explicitamente bem colocados por vendedores preparados.

Quando o vendedor sabe conduzir de forma elegante o diálogo, sempre apresentando os valores que a empresa tem interesse de entregar ao cliente, isso cria o que chamo de **_conexão de inconsciente_**.

Lembre-se disso: um produto de alta qualidade e um atendimento extraordinário fazem da sua empresa e de você, Vendedor, itens para um bom fechamento de negócio e, claro, se tornam inesquecíveis. E isso quer dizer que você está vivo na lembrança de seu cliente de tal forma, que comprar de você é algo tão importante quanto a própria vida dele.

CONCORRÊNCIA ←------→ CLIENTE

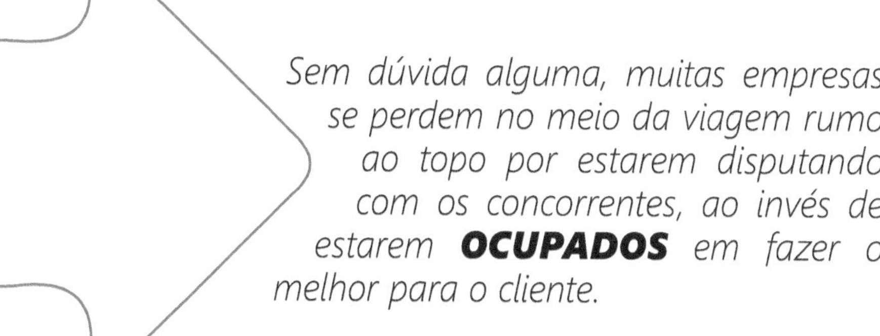

Vivemos a "Era do século da transformação" de um mundo totalmente mais aberto aos direitos do consumidor, cujo cliente deve ser, sim, a estrela de qualquer empresa que sabe que tudo gira em torno da preferência.

Qualquer liderança em vendas parte do seguinte princípio – "Quando se ocupa em ser melhor para os clientes, não há que se preocupar em ser melhor do que o concorrente."

Permita-me tirar da Bíblia uma grande sacada de negócio, que serve para a sua vida ou para a sua empresa, como conduta de sucesso, seja em qualquer área que você resolva aplicar, e encontramos em **Colossenses, no capítulo 3 e versículo 23**: "E tudo quanto fizerdes, fazei-o de todo o coração, como ao Senhor, e não aos homens."

E isso significa ser extraordinário no atendimento. Quando estamos fazendo de todo nosso coração, ofertamos nossa melhor versão como ser humano e como um profissional que compreende com clareza a necessidade do cliente.

ATENDIMENTO

Quanto mais se especializa em ser para o consumidor o labor de qualidade, maior será o retorno, para você, empresário, gestor e para você, V I. Se colocar no lugar do cliente é uma forma que amplia sua visão para 360 graus, ou seja, de todos os lados possíveis de como podemos encantar não só com nossos produtos, mas acima de qualquer coisa, com nosso atendimento diferenciado, que faz um cliente se sentir bem e até indicar para outros. **E lembre-se:** "Que é ajudando o mundo a ficar melhor que teremos um mundo melhor, da mesma forma, é ajudando seu cliente a ter o melhor de si, que você, vendedor, terá o melhor do cliente."

NEGOCIANDO SOLUÇÕES

Eu confesso que nunca havia entrado numa das lojas de café da Starbucks. Fui a convite de um grande amigo, que me falara com muito entusiasmo do café, e quem me conhece sabe que sou apreciador de um bom café.

Como era meu primeiro dia, fui ao mais tradicional possível, e pedi um Expresso tradicional, macchiato. E meu amigo pediu um "Floresta Negra". E, detalhe, os copos vêm todos personalizados, já começa aí, de como nos fazem sentirmos importantes, e sem demora fomos servidos, porém, ao me sentar, fui colocar minha bolsa de lado, e sem perceber esbarrei no copo e entornei todo o meu café.

Fiquei constrangido, naturalmente. Imagine que logo no primeiro dia isso acontece comigo. Mas, para minha agradável surpresa, uma atendente muito simpática se aproximou imediatamente e me disse:

– Meu senhor, não se preocupe com isso.

E me indicou outra mesa, e eu e meu amigo então sentamos. Enquanto ele saboreava, rindo, o seu delicioso café, eu pensava no que tinha pagado e ia ficar sem experimentar o tal café. Eis que surge a mesma atendente com outro café do mesmo jeito e me diz:

– Este é um brinde nosso para que o senhor não saia daqui sem ter a deliciosa sensação que é beber nosso café.

– Este então, eu não pago? – surpreso, perguntei.

– Não, o senhor não pagará, pois sabemos como é ruim a sensação de que algo não saiu como planejamos – argumentou a atendente.

– Mas fui eu quem derrubou, é natural que eu pague outro café.

A atendente sorriu e me disse algo que jamais vou esquecer, e claro que sempre que posso indico a Starbucks e conto este fato.

Ela me disse:

– Imaginei que se fosse comigo que estivesse ocorrido o que aconteceu com o senhor, eu gostaria de receber este atendimento. E foi um caso tão atípico que nos cabe uma pequena gentileza.

Este ocorrido me diz que essa moça não seguiu nenhum manual de atendimento comercial da empresa, mas ela fez somar a qualidade do produto ao seu atendimento extraordinário, e claro que ela nem saiba disso, mas já me fez indicar a marca da empresa por onde eu passo como exemplo de empatia e complacência com cliente.

Você deve estar se perguntando, onde então está o mérito da Starbucks, Célio?

Na competência de ter pessoas que jogam de acordo a necessidade com o jogo. O flexível sempre contorna os problemas e chega muito mais rápido às soluções.

A venda é boa quando todos ganham, desde o cliente que atenda à sua necessidade, do vendedor que aumenta sua comissão, até a empresa que lucra muito mais.

Os produtos de alta qualidade podem ser a vitrine de sua empresa, mas é no atendimento extraordinário que se fazem os fãs que movimentam seu negócio. Para ser uma empresa top no mundo das vendas, você precisa aliar o produto inquestionável ao atendimento excepcional que só os Vendedores Inesquecíveis sabem fazer com magnitude.

TREINANDO
QUE SE FAZ UM
VENDEDOR
INESQUECÍVEL

Ninguém chega ao seu máximo fazendo apenas o mínimo. Todos esses conhecimentos podem fazer de você um verdadeiro Campeão de vendas, ou melhor, Um Missionário Das Vendas. Neste exato momento que escrevo as palavras finais desse primeiro volume, me veio à mente uma frase de Thomas Edison: "A genialidade é 1% inspiração e 99% Transpiração".

Considero essa frase uma verdadeira obra-prima para quem quer se destacar em qualquer oficio. E por isso podemos constatar por quê há poucos no mundo que são considerados verdadeiros gênios. Ou seja, alguém que tenha deixado um legado para humanidade.

Se há em você o espírito de complacência comercial, este é o livro que terá como seu companheiro nas primeiras horas do dia, e também antes de dormir, pois eu acredito que você será com certeza outro após estudar e aplicar o conhecimento adquirido nesta obra.